蘇[illegible]教我的

最後一堂課

當百萬暢銷作家遇見心靈大師
關於人生的終極解答

PEACEFUL HEART,
WARRIOR SPIRIT

丹·米爾曼
Dan Millman

蔡孟璇——譯

獻給我的個人家庭、大家庭，
以及靈性家庭。
願這條灑下麵包屑的小徑
能幫助你找到自己的路。

目錄

Contents

各界讚譽

我從國中就接觸到蘇格拉底，他是啟蒙我的導師之一！同時，我格外喜歡閱讀及剖析心靈導師的生命故事，他們讓我看見「終究都要走上通往內在的途徑」。差別只在於早或遲，以及使用什麼方式。感謝丹．米爾曼的勇敢揭露，引領我們走上今生最珍貴的成長之旅。

——洪培芸（臨床心理師、作家）

作者以他畢生的經歷，給了每一位追求靈性成長者作為借鏡。真正的成長不在於學會什麼新方法，而是能辨別現實與理想的差距，並且坦然接受生命中的一切安排。

——愛瑞克（《內在原力》作者、TMBA共同創辦人）

這是一部令人動容且充滿人生體悟的精湛著作，能帶給人們深刻的生命啟發，陪伴每一位正在人生旅途上徘徊的探尋者，走向真實且獨特的自我體悟之路。

——Janus Tsai 蔡士傑（C-IAYT 瑜珈療癒師）

我們都需要生命的導師，幫助我們淬煉過往經驗，指正我們正確的方向，讓這本書成為你的人生導師，讓你擁有克服逆境的力量。

——鄭俊德（閱讀人社群主編）

在這個畢生追尋意義的真實故事裡，丹．米爾曼從面對童年挑戰一路往前推進到實用智慧的追求。從一個年輕運動員進化到一位靈性導師的過程中，他接受了四位大師級老師的訓練。丹的四位心靈導師對我們所有人都深具意義，他在書中分享的洞見、難題與精彩時刻，能指引同樣情況的人去探索他們自己的路。

——唐．米蓋爾．魯伊茲（Don Miguel Ruiz）

（知名靈性成長暢銷書作家、《打破人生幻鏡的四個約定》作者）

這部回憶錄是個精彩非凡的美妙故事，充滿啟發與醒思，文筆細膩，論點清晰，滿載著作者的內省、洞見與智慧。我們都因它而變得更好。感謝丹與我們分享他的旅程、他的故事，以及他充滿啟發的教誨。

——麥可．伯納德．貝克維斯（Michael Bernard Beckwith）（大愛國際靈性中心靈修總監、《靈性解放》作者）

《蘇格拉底教我的最後一堂課》一書終於揭開丹．米爾曼歷經之旅程，以及我們的老朋友蘇格拉底的所有祕密。喬伊的洞見從未在寧靜戰士的任何書籍中分享過，也因此為本書增添了一定的魅力。丹的故事真誠無偽、誠實坦率，讓我閱讀後感到平靜與樂觀。丹和喬伊是非常特別的人，這也是一本非常特別的書。

——瓊安娜．里德．羅德里格斯（Joanne Reid Rodrigues）（《苗條，快樂與自由》作者）

這是一個畢生致力於追求精通之道的人，首先在體育方面，再來則是日常生活方面。在《蘇格拉底教我的最後一堂課》一書中，丹．米爾曼為自己確立了終生學生與資深老師的角色，一個修練甚至精通「平凡之禪」的人。

——羅傑・沃許（Roger Walsh, MD, PhD）

（加州大學爾灣分校醫學院精神科教授、《基礎靈性》作者）

自一九八四年，出版社宣稱《深夜加油站遇見蘇格拉底》是「一本改變生命的書」以來，丹・米爾曼便一直持續在做這件事。四十年來，他的書和教導一直是數百萬讀者的明燈，指引他們找到寧靜戰士充滿智慧的美好生活方式。這部回憶錄揭開丹立基於智慧之生命那一趟高潮迭起的旅程。我們甚至可以說他已經變成了蘇格拉底。

——珊蒂・薩吉伯格（Sandie Sedgbeer）

（作家、電視與廣播節目主持人、不廢話靈性書籍讀書會創辦人）

丹・米爾曼的生命冒險精彩得令人屏息！我從一九八〇年代中期開始就開始大量閱讀他的作品，他的新書帶領我走過一段發現真實蘇格拉底與寧靜戰士的美妙旅程。

——布萊德・華德隆（Brad Waldron）（得獎演說家與《赤裸呈現》作者）

對我來說，這是他最容易理解和最私人的書。他在寫下自己迷人的精神追求旅程時，也通過其個人故事傳達了我們這一代的精神變化史。

——羅納德．L．博耶（Ronald L. Boyer, MA）（心理學家、作家和宗教雜誌編輯）

本書是關於成長的生動研究，喜歡丹．米爾曼的讀者不可錯過的作品，而且任何走在靈性探求和自我提升道路上的人，都該看看這本書。

——《中西部書評》（*Midwest Book Review*）

願星辰指引你
沿著蜿蜒、熱情的道路
穿過黑暗紛亂的森林。
願你從遊蕩中學習……
好讓你在回來時變得更堅強、更有智慧，
並讓此時此地，成為你的家。

——阿格涅斯卡·萊伊扎克（Agnieszka Rajczak）

臺灣版新序

來自旅伴的祝福——致臺灣讀者

經典小說《雙城記》（*A Tale of Two Cities*）是以一連串矛盾的描述開場的：

> 這是最好的時代，也是最壞的時代，
> 這是智慧的年代，也是愚蠢的年代，
> 這是相信的紀元，也是懷疑的紀元，
> 這是光明的季節，也是黑暗的季節，
> 這是希望的春天，也是絕望的冬天，
> 我們面前應有盡有，我們面前卻也空無一物，
> 我們全都直奔天堂，卻也都朝相反的方向奔去……

這些矛盾的描述在一八五九年出版時是十分真切的，直到今日也同樣適用。無

論你我都能為每句話的正反論述提供許多有力證據，例如這是最好的時代，因為雖然每天都有層出不窮的新聞且不穩定的時局，但世界級的戰爭、死亡、貧困人口越來越少，而且醫療與科技都有所進步；然而我們也有理由說這是最壞的時代。一個包含智慧與愚蠢、相信與懷疑、光明與黑暗、希望與絕望的年代，它一向如此。

即使我們致力於改善那個我們只擁有有限控制權的世界，同時，也是努力在改善我們自己——一個值得我們付出心力的事業，因為如果我們了解每個人都是被稱為「地球」這個生物體的一個細胞，那麼隨著每個細胞運作得更好，這個世界就會變得更好。

有個故事是這麼說的，一個疲倦的父親回家後，小女兒想要和他玩遊戲，想要獲得他的關注。但他極需幾分鐘的休息時間，他便將雜誌上印著地球照片的那頁撕下來，撕碎成二十張小片，然後他說：「女兒啊，這是個拼圖遊戲，這裡有些透明膠帶。如果妳可以將這些碎片重新拼好，我就和妳玩遊戲。」隨後他便倒在自己最愛的椅子上休息，心想可以放鬆一會兒了，不料只過了幾分鐘，小女兒便交給他一張拼好的圖。「你怎麼那麼快就完成了？」父親問。「這不難啊，爸爸。這張地球的背面有一個人像照。當我將這個人拼湊完整，世界也就拼湊完整了。」就是如此，藉由安頓好自己的心，我們也同時幫助了這個世界。

如同我在本書裡將述說的，當我還年輕時，我尋找過各種安頓自己的心的方法。我追求改善自我；我學速讀、參加記憶力課程，學習魔術和腹語術；我研習武術、特技與體操，但是有一天，我突然領悟到，無論我自我提升了多少，始終只有一個人受益，我開始想像幫助他人改善他們的生活是什麼滋味，而就在那時，我發現自己作為一個老師的使命——我不再為我自己一個人而學習或接受訓練，而是為了讓自己成為他人的資源。

起初，我對自己會如何影響他人毫無頭緒，但是我對分享所學一切的熱忱，為我鋪墊出一條路，讓我在二十年間師承了四位完全不同類型的大師級老師，他們開啟了我的視野與心靈，讓我做好準備，方能接收並創造出我稱之為「寧靜戰士之道」這種生活方式的洞見。這個真實故事是我獻給你們的最後禮物。

我撰寫本書的理由有幾個：首先是為了肯定我自己所承襲的傳承，並與你分享我的洞見與觀點，其次是想藉由揭露我這場準備工作的廣度與深度，建立起可信度。我第一本書《深夜加油站遇見蘇格拉底》（*Way of Peaceful Warrior*）的讀者們，將我想像成一個年輕體操選手，遇見了名為蘇格拉底、充滿智慧的加油站老技師後，就在自我成長領域從事教學工作至今，但其實背後還有更多的故事，你將會在本書見到。

然而，如果以上這些就是啟發這部著作的全部理由，那麼我不會寫這本書。我們每個人都有自己的故事，所有故事都是珍貴的。你的故事是你的寶藏——地球上沒有另一個一模一樣的故事存在。那麼，我為何決定分享我的故事呢？只是因為它體現了我們在變化無常的世界裡對意義、目的與完滿的普世追尋。這個故事不單單是某個名為「丹．米爾曼」的人的故事——而是以四種不同方式追求個人與靈性成長的真實故事。

我希望讀完這本書後，你能對自己的人生道路擁有更開闊的視野，也能更加欣賞並感激它。你不一定要像我一樣跟隨老師，每個人生命中都會遇見自己的榜樣和仿效對象。你在此並不是要追隨我的路，而是走出你自己的路。因此，在此我的目的不是讓你信任我，而是要幫助你信任你自己，以及相信你的生命正在開展。

沒有所謂最好的老師、書籍、哲學、宗教、途徑、飲食或訓練方法——只有在我們某段特定時間的生命中，對我們最好的方式。無論個人或集體，我們的生命都是一場偉大的實驗——有時它是一場挑戰，但它永遠是一場冒險。

在我的著作《鹿智者的心靈法則》（*The Laws of Spirit*），不老的女聖者在我們經歷冒險後向我告別，她那時對我說的話，我想轉送給你們：

「願你在臣服於生命時發現恩典……日常生活的挑戰依然存在，你可能會忘記我曾告訴過你的話，」她說：「但是當你想起這些法則，生活中的問題就會變得像是肥皂泡沫般不再具有實質性。你的道路將會在前方佈滿困惑的荒煙漫草處展開。你的未來，以及人類全體的未來，是一條通往光明並逐漸領悟自己與萬事萬物合一的道路。存在於那超越之境的，是無法形容的事物。即使天空看似一片漆黑，也要明白陽光會照耀在你身上，愛會包圍著你，你內在純粹的光明將會指引你回家的路。因此，要信任你生命的開展過程，心中清楚知道，無論旅途中經過高峰或低谷，你的靈魂都安安穩穩地被神性擁在懷裡。」

這是來自一個旅伴的祝福，願你擁有美好的旅程。

丹．米爾曼，二〇二二年

前言

意外的人生

不是所有遊蕩的人都迷路了。——托爾金（J.R.R. Tolkien）

我想告訴你一個真實故事。很久很久以前，我在這個現代世界展開了一場探索意義的追尋之旅，並在接下來的幾年裡，從一個年輕運動員進化成一個傳授實用（有些人說是靈性）生活技巧的資深老師。而我所描述的、隨後開展而來的各種事件與體驗，並非只是比喻或存在於某個平行時空，而是發生在日常生活這個風波跌宕的舞臺上。

幾十年來，在我的著作和演講裡，我描述過一種「寧靜之心，戰士之魂」（Peaceful heart and Warrior's spirit）的生活方式。這條開放的途徑，每個人都能走，它是從我累積數十年的體操和武術訓練，以及我沿途獲得的指導中誕生的。唯有在經歷漫長的準備期、路線校正，伴隨著挫人傲氣的警鐘響起後，一個人的洞見才會乍然而現。

雖然我受到許多作者的啟發，也有許多人成為我效法的楷模，但有四位心靈導師對我的人生與工作最具影響力。我會在本書第二部揭露他們的名字，但是在此，我會以我們相遇時他們扮演的原型角色來稱呼他們。

教授：玻利維亞科學家兼神祕家，他創辦了一所學校，課程包括研究如何漸進邁向開悟的全球靈性修練傳統。

大師：美國出生的靈性師父，他激進的教導超越了目前現有的技巧，但他後來的行為又為我上了另外一堂課。

武僧：武術家、形上學者、治療師，也是一位魅力非凡的靈性痞子，專長是拯救靈魂，為我將來的職業生涯與志業開啟了好幾道門。

聖人：現實的忠實信徒，他的教誨充滿矛盾——簡單而困難、實用而理想化，為我帶來根植於當下行動的清新眼光。

我最初的兩位心靈導師，教授與大師，啟發我撰寫《深夜加油站遇見蘇格拉底》一書，而武僧與聖人則影響了我後來的著作。他們每一位都有其天賦與盲點。他們在充斥眾多老師、大師與靈性權威的浩瀚領域裡現身，這些人有的善良，有的危險，有的甚至蠱惑人心，要分辨出他們屬於哪一種著實不容易。當時吸引我接觸他們的機緣，以及我最後為何離開他們繼續前進的原因，就是我書寫這個故事的素材。

有些讀者可能會問：你的老師蘇格拉底呢？他是四位心靈導師之一嗎？如果不是，他為何不能成為其中一位？會有這樣的疑問不難理解，因為我的「寧靜戰士系列」第一本書《深夜加油站遇見蘇格拉底》*是自傳與小說的綜合體，而這正好讓該書有了足夠的模糊空間，為我在加油站遇見的老人（我稱之為蘇格拉底）平添一股神祕氣息。

為了解決這個模糊問題，我在此透露一個小祕密：**我就是蘇格拉底**。也就是說，以那位古希臘哲學家命名的文學角色，其實是我自身心靈的投射。我不是蘇格

＊原書名為「寧靜戰士之道」。

拉底的學生，而是他的創造者。他是我的繆斯，協助我完成他自己的創造。我倆之間的對話並不是我憑記憶寫出的，而是在我寫作時自然流露的。我於二〇〇六年撰寫的小說《蘇格拉底的旅程》（*The Journeys of Socrates*），便是在描繪這個文學角色想像中的生活，以及鍛煉其心志的人生經驗。

換言之，**蘇格拉底是真實的人物，而丹·米爾曼是虛構的**。那些渴望擁有像蘇格拉底這樣的老師的讀者和研習營學員，其實一直都擁有他。如同年輕的亞瑟王擁有梅林，佛羅多擁有甘道夫，天行者路克擁有尤達、丹尼爾擁有師父宮城先生、卡羅斯·卡斯塔尼達擁有唐旺**——這些都是生活與傳說中的心靈導師與學生，而我則擁有蘇格拉底。他的教誨誕生自我即將在本書中描述的經歷。

縱然是最講究細節的回憶者，都不是個可靠的講述者，他們仍是透過個人的濾鏡與偏見，藉由回想過去的零碎片段拼湊著故事。而我身為一己生平故事的主人翁，時日一久，不免在描述自己時多添上幾筆浪漫色彩，再點綴一些機智幽默、賦予一些重要意義。雖然如此，我仍盡所能正確描述了每個事件，也和朋友、家人求證回憶的真實度，希望我的真實與坦率能彌補缺失。這部作品，一個關於蛻變的探索故事，也因此等到現在才完成。

「現在」一向是我最喜愛的時間。這個故事雖然是我的，但是這條道路卻是屬於我們所有人的。

丹．米爾曼，二〇二一年夏天

＊＊以上依序出自《亞瑟王傳說》、《魔戒》、《星際大戰》、《小子難纏》（*The Karate Kid*）、《巫士唐望的教誨》（*The Teachings of DON JUAN*），皆為文學或影視作品中知名師徒檔。

重要名詞

靈性的（spiritual）	能啟發並提升境界的事物。

有些人，就像我，才剛開始想像平凡生活裡的強大宗教——剛拖好的地板、堆疊的碗盤，以及曬衣繩上隨風飄揚的衣服所呈現的靈性。

——阿黛爾·拉臘（Adair Lara）

❖

智慧（wisdom）	觀點，領悟，理解。

知識會說話，但智慧會傾聽。

——吉米·漢崔克斯（Jimi Hendrix）

開悟（enlightment）
照見（illumination）

覺醒於實相，
一份領悟，一種修練。

開悟不光是存在於看見發光的形狀與心像，更是在於讓黑暗成為可見的。然而，後面那個程序較困難，因此不受歡迎。

——卡爾·榮格（Carl Jung）

神（God）

一切存在的。

無論你轉頭面向哪裡，看見的都是神的面容。

——穆罕默德（Muhammad）

PART 1

基礎

我們不會記得每個日子，
我們記得的是每個時刻。

——切薩雷·帕韋斯（Cesare Pavese）

經驗或許是最好的老師，但是形塑你人生的關鍵經驗是從何時開始的？出生時？受孕時？或是如一些聖人宣稱的，來自於前世呢？無論答案是什麼，我們都同意，我們的成人自我是從童年的種子萌發、生長的。

我自己的童年時光，便為我日後的經歷奠定了基礎，我發現回顧自己年少時經歷的事件是一件令人著迷的事，既令人感到出乎意料，又如此必然。我身為老師與作家的人生與職業生涯，唯有在如此回顧時，才有了意義。

在這第一部分，我要做的是攤牌，開誠佈公道出一切——亮出我手上拿到的牌，以及牌局的結果。我希望讀者們能享受這場遊戲與它的開展過程。

第一章

決定性時刻

有時候，你唯一可得的移動模式就是一次憑藉信心的跳躍。

——瑪格麗特·謝培德（Margaret Shepherd）

一九六四年的初春，時間是格林威治標準時間早上十點十五分。在倫敦舉辦的第一屆世界彈翻床[1]錦標賽中，我在彈翻床上彈得很高，在倫敦皇家阿爾伯特廳的空中做了一個空翻。這是我最後一個比賽項目，此前我在十次的彈跳常規動作後完成了兩次轉體加空翻兩周，然後頓時腦袋一片空白。我完全想不起來接下來該做什麼動作。

這也不那麼令人意外，因為我當天早上才從加州飛過來，四小時煩躁不安的睡眠讓這凍結的一刻感覺如夢似幻。做夢又如何？在我的家鄉，這時才凌晨兩點十五分呢。

幾個鐘頭以前，我進入比賽的樓層，看見來自十四個不同國家的運動員在四張彈翻床上熱身，呈現出亂中有序的景象。我看見蓋瑞·爾文，他當時是美國國家大學體育協會（NCAA）[2]的衛冕冠軍，擁有跳水選手的體型與風格，我曾在電視上看過他。接著，韋恩·米勒引起了我的注意，他做出一個我從未能完成的動作，這動作很適切地就叫做「米勒式」。而我當時是美國體操聯合會（USGF）的全國冠軍，這也是我受邀來此的原因。

蓋瑞、韋恩和他們的教練（我得知其中一位將會是評審團的一員）都提前在幾天前便抵達會場適應環境。而我當時十八歲，飽受時差所苦，還形單影隻。

1 彈翻床（Trampoline）屬於體操項目之一，過去常見稱呼為「彈簧床」。

2 全名為National Collegiate Athletic Association，縮寫為NCAA，該協會管理全美約一千兩百個大專院校、聯盟或個體體育組織，是全世界最大的大學運動組織。NCAA的賽事也是美國大學生學習之餘最重要的盛會之一，也是許多學生球員晉升職業球員的重要管道。

見過我做了一些基本熱身程序後，應該沒有人會把賭注押在我身上吧。我要依靠的是信心，而不是自信，我提醒自己：誰贏了熱身程序不重要。

當我一踏上彈翻床，開始進行最後一套動作，才發現我並非完全孤單一人。我掃視著滿心期待的觀眾，他們變得鴉雀無聲，然後掃視評審團，再快速瞄向上方的播報臺，結果不但看見發明彈翻床並主辦這些錦標賽的喬治·尼森（George Nissen），還驚喜萬分地看見我中學時期的班導師薩維爾·李奧納德（Xavier Leonard）——我的第一位彈翻床指導老師，他正滿面笑容地望著我。

一陣興奮的哆嗦竄上我的背脊。

現在我人在半空中，只能孤注一擲了，我必須繼續進行，做點什麼，不管什麼都好——我真的就這麼幹了。我的身體在經年累月的訓練之後，為我做出了決定：一個動作接著一個動作，禪的彈跳，「無心」——日本武士是這麼稱呼的。有些人將這種完全沉浸其中的狀態稱為「化境」或「心流」（flow），或是高峰經驗。

許多運動項目和賽事雖仰賴運動能力，諸如網球、高爾夫、棒球、游泳等，但不太可能在練習時送命。然而，從事彈翻運動和體操、徒手攀岩、巨浪衝浪、定點跳傘，以及其他極限挑戰時，身體承受著極大風險——只要有一瞬間的分心、一個小閃失，就可能釀成大災難。

多年以前，我和一個玩彈翻運動的朋友經常玩一種危險的挑戰遊戲，我先連續後空翻，等到朋友喊出下一個高難度動作時立刻變換動作，例如兩次轉體加後空翻兩周——那大聲喊出的指令似乎會繞過我有意識的頭腦，直接抵達身體，讓身體自發地執行動作。這種遊走在危險邊緣的遊戲雖令人提心吊膽，也令人振奮。在我置身空中的這些時刻之前，我從未夢想過，這樣輕鬆愉快的動作可以包含如此深刻的意義。

沒有過去，沒有未來，沒有自我。在我的身體完成一個接一個的動作時——轉體一周加空翻兩周，再多次轉體……存在的只有對肌肉運動的覺察。

我不確定自己到底完成多少動作，只知道必須信任自己多年來潛意識的計數能力，最後，我以一個一又四分之三周後空翻，接著用腹部的力量做一個雙周後空翻，然後雙腳落地結束。完成了！我環顧四周，掌聲越來越響亮，現場觀眾也進入了我的眼簾。

我走回自己的座位，瞥見上頭的李奧納德先生正對著我咧嘴微笑，我覺得彷彿有人將手搭在我肩膀上，拍了拍我的背。現實終於突破夢幻：我剛贏得了第一屆世界彈翻床錦標賽冠軍。我依稀記得自己當時站上頒獎臺與蓋瑞、韋恩握手的情景。小號吹奏聲響起，喬治·尼爾森遞給我一座銀製獎盃，閃光燈瞬間此起彼落，相機快門聲不斷咔嚓咔嚓地響。

搭乘計程車前往希斯洛機場準備返鄉時，我驚訝地發現，計程車司機根本對這場比賽一無所知，遑論是匆匆忙忙過著自己生活的倫敦人和旅客。那天，只是運動史上的一個小小註腳，儘管如此，我對生命的可能性卻擁有了全新的感受。不，在我自己心中，我不是什麼傳奇人物（也永遠不會是），但我在自己人生的第一個十八年達成了一些貨真價實的成就，那是任何人都帶不走的。

我嘆了一口氣，全身放鬆躺進飛機座椅裡，加速中的飛機抬起了我的身體，帶著我再次飛入天空。我睡不著，思緒飄入回憶之流裡，回想著那些帶領我來到此時此地的過往種種……

一切之初

打從出生一直到學步期，我的人生都在洛杉磯銀湖大道上一間出租公寓裡度過，那是一條繁忙的幹道，根據家人描述，有次我搖搖晃晃地跑到路中間想撿回一顆彈出去的球，結果這條馬路差點成了我的葬身之地，幸好父親在千鈞一髮之際把我抓回來。當時他只是短暫地將視線從我身上移開了一會兒，就讓我有機可乘，那也是我童年唯一一次被打屁股伺候。

早年的另一次驚險事件發生在一次與家人到海灘遊玩時，當時我衝向一陣席捲而來的大浪，被海浪捲進了海裡，瞬間我只看見滿是漣漪的藍色天空，看見佈滿沙礫的海底有許多被陽光照得閃閃發光的貝殼，直到我爸爸強壯的手臂將我從噴濺的浪花裡拉起。

六歲時，我們搬進自己的房子，住在一個有許多日裔和西語裔家庭的社區，那些家庭的孩子自然成了我學校的同學。我大多跟著史蒂夫．約薩一起玩耍，他和我姐姐蒂蒂一樣九歲，十分靈活精明。我一從史蒂夫那裡學到什麼，就傳授給附近年紀更小的朋友，提姆和圖迪——我同時扮演著學生和老師的角色。

有天下午，我跟著史蒂夫和他一群年紀較大的朋友一起去工地裡的一間房子探險。那天，我們在都市叢林裡攀登高山，在夾板做的屋頂上享受遠眺的美景。該處下方六公尺處有一大片沙堆——這完全是個現成的冒險機會。

史蒂夫第一個往下跳，他的朋友也有樣學樣。他呼喚我：「該你了，丹尼。」我走到邊緣處，不禁往後退一步，我的心跳砰砰砰地加速。

「跳啊！」史蒂夫大叫。

「沒辦法，太高了！」

「**快來！**」他回我。接著史蒂夫說了一句讓我謹記一生的話：「**別想它，跳就是了！**」

因此，我跳了。鼓起勇氣的那一刻，為我贏得飛躍般的無重力瞬間，接著是一次軟著陸，我的膝蓋以下都陷進沙堆裡。之後的一個小時，我們不斷爬上屋頂又跳下來。從那時起，我開始愛上這種鋌而走險、遊走於恐懼邊緣的特技動作。

很快地，我又得回到凡塵俗世了：我早早就被送進幼兒園，永遠都是班上年紀最小的孩子——較不成熟的社交行為、身材較小、對數學觀念理解得較慢，而且對同儕似乎都了解的祕密一無所知。我覺得自己好像在地球上生活的超人克拉克·肯特（Clark Kent），我夢想著成為超級英雄。

或許那就是為何彼得潘和超人在我童年時期會顯得如此與眾不同的原因吧。回想起來，彼得潘肯定是體現了永恆的少年階段與自由，而超人則代表著力量與人類的潛能，而且兩人都會飛！為了追求高度，我爬樹、抓著繩索盪來盪去，以臨時湊合的克難降落傘從低矮屋頂往下跳，一心渴望能從平凡的俗世超脫。

當時我的世界很狹小，視野也有限。對我幼年觀點影響最大的母親，常談論牙仙、復活節兔子、聖誕老人，也將神當成同樣的虛構角色來討論。我覺得父親對我的影響大多在健康和體適能的領域。老爸覺得有責任將我繼承的猶太血統教導給我，因此鼓勵我就讀希伯來學校，但那不適合我。在不與任何宗教教誨或宗教傳統有所聯繫的情況下，我必須摸索出自己的路，而我會透過自己對自然世界的神祕運作不斷增長、與時俱進的信心來展現這條路。

迴力鏢與BB槍

一九五〇年代時，我遊走在一個充滿幻想與情節記憶的時空裡：我和表弟戴維都被「好萊塢魔術店」裡的魔術師店員催眠了，掏出我們的零用錢跟他換了一組切斷手指的道具，或是一副會消失的撲克牌。我們也會在公園裡玩迴力鏢，我還培養出用鞭子將戴維嘴巴叼著的吸管擊斷的技巧。我也學會了溜溜球特技（也成為我童年的絕技）、打彈弓、丟飛盤、像泰山一樣抓著樹藤蕩來蕩去，還會快速轉動手中的套索，讓範圍內的每一個人都逃不出我的套索。在短暫製作並玩過箱形風箏之後，我去上了擊劍課，然後跟我的腹語娃娃沉浸在腹語術的練習裡。

這些技巧的練習在我很小的時候便教會我：每一件事剛開始都是困難的，但是熟能生巧。

經過我多次的苦苦哀求，老爸終於買了一把BB槍給我，還不忘諄諄教誨，為我上了一堂安全使用槍枝的課程。我是個射擊好手，抱著和之前著迷其他興趣般的熱情拼命練習。但是，有一天我心血來潮，瞄準了距離三棟房屋遠的電線上的一隻小鳥，我完全沒想到真的會射中牠。我射擊了，然後竟然看見小鳥墜落。我擔心自己打傷小鳥了，牠可能正在受苦，於是跑到街上，爬上梯子，又爬上了屋頂。鳥兒已經死了，頭上有個BB彈孔。

幾個禮拜之後，有一隻麻雀從我頭上飛過，我隨手將槍管往天空一揮，甚至根本沒有瞄準，只是隨便射擊一下，但是下一秒，鳥兒垂直墜入一處樹叢裡。我嚇死了，趕緊跑去找小鳥。我來到樹叢附近，麻雀又起身飛走了，我終於鬆了一口氣。

從那一天起，我再也不玩BB槍了。

蓬蓬裙、緊身褲和彈翻床

十歲的時候，有兩件看似不相干的事件指出了我的未來。

我母親為一位現代舞蹈老師彈奏鋼琴，而她不想花錢請人當保姆，於是我發現自己經常置身在一個擠滿大約十個女孩的教室裡，被一堆緊身褲和蓬蓬裙圍繞，我們每個人在老師的堅持下全部都要穿上緊身褲。儘管我一開始不情不願，但現代舞卻讓我學習到了肌肉控制、柔軟度、韻律與如何繃腳這些事。

那年夏天，在一個日間夏令營裡，我無意間邂逅了一張老舊的內陷地面式彈翻床，它將我從重力中解放出來，雖然只有短短幾秒鐘。之後，我一有空便在那裡彈跳，而且多半自己一個人，我試著完成一次前空翻。我不斷嘗試做出完整的翻轉然後以腳落地，結果翻轉得太快變成以臉著陸，將臉刮傷了，在額頭、臉頰、下巴和嘴唇都留下一道道的傷疤，但我的腳尖仍繃直著，熱情未曾稍減。

直到一年之後，我才找到另一張彈翻床。

霸凌事件

小時候，我喜歡讀例如《萌牛費迪南》（*The Story of Ferdinand*）這類的書，內容是一頭公牛寧願安靜地坐著聞花香，也不願在鬥牛場裡鬥牛的故事。我的個子和年齡都比同班同學小，而且有時愛說話反倒成了我的缺點，一個脾氣暴躁的男生注意到我，跑來揍我。我感到驚訝多過受傷，從那時起我便刻意避開他。

第二個事件發生在六年級時。另一個男生莫名其妙開始討厭我，我想我跟他都不明白是什麼原因。他企圖影響同學，讓他們不要跟我說話。之後的那幾天，我變得非常害怕去上學，我會鬧胃痛，也沒胃口吃東西。有一次，那個惡霸和幾個朋友在我放學回家的路上逮到我，向我嗆了幾句威脅的話之後，其中一人一拳擊中我肚子，眼看我哭了，他們才滿意地離開。之後的幾天，除了我最好的兩個朋友之外（他們只會很小聲地跟我說話），每個人都離我遠遠的。我感到很絕望，請求老師讓我在全班同學面前說幾句話。老師有些不解，但仍答應了，要全班安靜下來。我用顫抖的聲音告訴其他小朋友，沒人要跟我說話讓我很難受。在那之後，每個人又恢復正常了，但這件事讓我開始思考為何人們會做出一些行為。

那年夏天，我帶著我的套索，帶著年齡比我小的兩個「徒弟」圖迪和提姆前往銀湖遊樂場。就在我為他們示範如何丟套索的時候，三個惡霸包圍了我們，然後威脅我交出套索。我嘴唇顫抖，膝蓋發軟，將它交了出去。他們便用套索將我綁在遊樂場外的一根電線桿上，然後放聲大笑，揚長而去，最後，提姆和圖迪將我鬆綁。我的臉頰溼溼的，頭低低地走回家，我那兩個小徒弟則默默走在我後頭。

戰士的呼喚

我童年的恐懼與哀傷不斷累積，終至沸騰，爆發為憤怒。我厭倦了老是被恐嚇，於是問老爸該如何學習捍衛自己。他帶我來到一間拳擊館，但我不喜歡被打或打別人，於是他為我安排了幾堂布魯斯．泰格納（Bruce Tegner）的私人教練課程，他是好萊塢大明星的空手道老師，也是電視上飾演超人的喬治．李維（George Reeves）的老師。布魯斯師父傳授了我幾招激發自信心的動作，最棒的是，他還送我一張超人的簽名照！

十一歲的時候，我的身體經歷了許多變化，周遭的社區也是。我家沿著馬路一直走會遇到一處空地，曾經是一片棕櫚樹林，後來變成一座新的日本文化中心。開幕那天，老爸和我前去觀賞了一場柔道表演，表演的小孩子利用槓桿原理將體型比他們大上許多的成年人摔倒在墊子上。每個攻擊者在倒地時都會用力拍擊墊子，這是種避免受傷的護身倒地法。兩個禮拜之後，我開始參加道館一週兩次的團體課程，和許多日本學生一起上課。我很喜歡鞠躬儀式和傳統，也喜歡那套綁上全新白帶的道服。

幾個月下來，我學習了柔道的滾翻、受身（倒地法）以及投技（摔擲對手的技巧），有一位十分友善、一頭紅髮，名叫基恩·勒貝爾（Gene LeBell）的黑帶巨人讓我們小孩子將他摔倒在墊子上，他把每個人都逗得開心極了。在我的第一場比賽裡，我和一個與我同齡、足足多我九公斤多的男生交手，我試圖使用「巴投」（拋摔）對付他，他直接摔在我身上，壓住我讓我動彈不得。柔道的練習自然而然引領我發現了其他興趣，例如特技，從事這種活動時，我的成功不需要依賴他人的失敗。

第二章
重生

老師的影響力是永恆的，
他們永遠不會知道自己的影響力會止步於哪裡。
——亨利．亞當斯（Henry Adams）

俗話說：「生命中最重要的兩個日子，一是出生那一天，二是明白出生意義的那一天。」而就讀中學的第一天早上，我即將發現一個重要問題的解答：我的班導師薩維爾．李奧納德曾經是特技表演者，他宣布成立一個彈翻床課後社團。「誰有興趣參加？」我火速舉手。

於是，社團與特技成了我每天的寄託，生活的重心。就算下課，我也在想像裡練習自己的彈翻技巧，在自己客廳練習以手倒立無數次，不斷摔在硬木地板的幾個抱枕上。我迅速學會了側手翻、穩定倒立與翻筋斗，也學會了彈翻床的基本技巧。

第一個學期結束時，我已經是社團裡唯一一個能站在李奧納德老師肩膀上，然後跳下，穩穩落在彈翻床上，再來一個後空翻彈回他肩膀上的人了。

有一天下午，其他孩子離開之後，有個人面帶微笑走進體育館，李奧納德老師介紹他的老朋友喬治·尼森給我認識——他就是我正在跳來跳去的那張彈翻床的發明人。尼森先生要我做幾個動作給他看。我感到局促不安但又熱切想要討好他，便做了一些基本的空翻，但十分清楚地意識到自己動作的瑕疵。接著我做了一個剛學會的較難的動作，腹彈（cody）——在腹部著地情況下直接後空翻。尼森先生看見我苦苦掙扎，便跳上去為我示範了後空翻四分之三周，再以腹部著地，然後說：「丹尼，先做這個帶入動作，你就會發現腹彈變得很容易。要試試看嗎？」

我拒絕了，嘴上喃喃自語：「我……嗯，或許明天吧。」（我通常樂意嘗試任何事，但我怕會在尼森先生面前搞砸，讓我看起來很蠢。）他也沒當一回事，便和李奧納德談起別的事了。

那天傍晚，我在烏雲密布的心情下走路回家。

七年之後，在倫敦的皇家阿爾伯特廳，我再次見到了喬治·尼森。

克服逆境的力量

罷凌現象在中學時期變得更為嚴重。有次下課時，在教室走廊上，一個我完全不認識的男生突然走到我面前，做了一個鬼臉嘲弄我，對我喊「骯髒猶太佬」，旋即轉身離開。那是我第一次聽到「骯髒」和「猶太佬」兩個詞連在一起使用。由於我有定期洗澡的好習慣，因此對他使用的字眼感到不解，也對他說話的口氣感到震驚。

不久之後，另一個壯漢在體育館外挑釁我。儘管我已經盡量避免與他眼神接觸，他仍一把將我的頭夾在他腋下，一邊威脅著要揍我，這時周圍逐漸聚集了一些圍觀群眾。

我的身體被壓著往前傾，被他緊緊夾著動彈不得，過去學過的柔道動作完全忘得一乾二淨，不過我突然想起一個老爸為我示範過的簡單動作。就在這個「別想它，跳就是了」的瞬間，我將一隻腳滑到那人的腳後，然後猛然站直，用力張開雙臂。

這方法奏效了！他往後摔倒在水泥地上，但很快站起來，開始咒罵我，然後便走開了。我呆立原地，彷彿喝了腎上腺素混合令人振奮的荷爾蒙雞尾酒而渾身顫抖。

那件事之後，我投入了戈登·道夫索拉（Gordon Doversola）老師門下，在他嚴格的監督下練習「琉球手」（Okinawa-Te），那是一種結合日本本土空手道與中國武術中流動、迴旋、師法動物之形式的武術。

眼花撩亂的特技

該學年度結束時，李奧納德老師宣布了世界末日的到來——至少是**我**的世界末日：他要到城市另一邊的一所中學任教。這表示明年沒有李奧納德老師，也沒有彈翻床和騰翻體操的社團了。那是我年少的生命裡第一次被哀傷擊倒，不由得痛哭流涕，盡情釋放失去的痛。

李奧納德老師察覺到我很難過，在接下來的週末開車載我來到遙遠的洛杉磯柏本克，他將車子停在一棟磚造建築門口。從大落地窗望進去，可以看見六個排成一排的內陷地面式彈翻床（如果讓我想像天堂的景象，應該就是像那樣吧）。李奧納德老師將負責人傑斯和艾比·羅賓森介紹給我，他們後來就像是我的代理父母，而「彈翻床公司」變成我第二個家。

接下來的五年裡，每個週二晚上和週六早上，我都迫不及待地在門口等著傑斯和艾比來開門，他們還得在關門時催促我回家。起初父母會開車接送我，但後來我自己找出了轉乘三班公車的交通方式。

傑斯以前是個石版畫家，因為兒子達爾對彈翻運動的強烈熱情而創辦了「彈翻床公司」，不過傑斯在特技方面毫無經驗，所以我必須自己想辦法學習並理解新動作。我將每一種技巧分解成較小部分和漸進動作。我和我的彈翻同伴一起試驗，在這個特技樂園裡嘗試各式各樣的空翻方式。我和達爾會進行友好對抗賽，而他日後也成為了知名的特技演員。我們會挑戰彼此，看誰能做出例如連續一百次後空翻這種動作。

我們也會玩動作接龍，就是其中一人先做一個單一動作，然後下一個人必須做同樣的動作再附加一個不同動作，下一個人做完這兩個動作後必須再附加另一個動作，直到我們連續做了十二個、十五個，甚至二十個不同的轉體空翻，這考驗著我倆的耐力與記憶力。

第一次的第一名

十二歲的時候，我已經展現足夠潛力，傑斯和艾比讓我和達爾飛到舊金山，再輾轉乘車到柏克萊基督教青年會（YMCA），在我第一次正式的彈翻床和騰翻體操比賽上表演一套動作。

那一夜，我和達爾在陽臺的繩子上蕩來蕩去，嘗試了幾個瘋狂的特技，一邊玩鬧、大笑到上氣不接下氣後，我鑽進睡袋，在體操墊上呼呼大睡，渾然不知就在距離我熟睡地點的幾個街區外，牛津街與赫斯特大道交匯的路口，有一座老舊的加油站正在等著我。

隔天早晨，賽事主席宣布彈翻床選手必須執行連續十次的空翻，身體必須盡量接近彈翻床正中央的位置。我觀察一些選手做完他們的全套動作後，才爬上彈翻床開始起跳，連續做了十個動作。裁判舉起了寫著數字的記分牌，但我沒戴眼鏡，根本看不清楚（我很少戴眼鏡的）。

直到他們告訴我，我才知道我贏了。

過渡儀式

十四歲那年，我在大學院校選手的級別，獲得了加州成年男子彈翻床錦標賽冠軍。那年春天，也是美國掀起一陣彈翻床狂熱的開始。內陷地面式彈翻床中心在幾個月內如雨後春筍般遍布全美，引起了《生活》（*LIFE*）雜誌攝影師的注意，結果我和幾個朋友被刊登在一九六〇年五月那期的封面，還用了兩大跨頁的篇幅報導我的幾個空翻動作示範。我真希望我學校裡的朋友能看到，那真的太酷了！

在那一年和隔年的校園生活裡，我和同伴會在午休時間前往操場的沙坑，在高低單槓上練習幾個新動作，例如後翻上槓、掛膝迴環、大迴環、空翻下槓等。等待換我上場的空檔時，我翻閱了一本《現代體操》（*Modern Gymnast*）雜誌，裡面有大學體操選手表演各種驚人動作的照片，這些動作我全都想學會！

作為一個青少年，我有時會為了追求刺激而忍受疼痛：在高單槓擺盪的時候，摩擦與熱度將我手掌的皮磨掉一大塊，我必須用針把水泡刺破，再讓它收乾、癒合。我會在血跡斑斑的撕裂傷口噴上一種名為「堅韌之皮」的東西，那種刺痛就像噴了碘酒加類固醇，然後我會在傷口包上膠布，再套上我的皮製護手套，回去繼續練習，直到下節的上課鈴聲響起。

這時，我渴望加入附近約翰馬歇爾高中的體操隊，希望能參加在那裡舉行的比賽。雖然我從未擁有超人的各種能力，但至少能練出超人般的力量來完成吊環十字支撐動作吧。

第三章
豪情壯志

師父領進門，修行看個人。——中文諺語

「誰是你心目中最棒的跳馬選手？」高中生涯的第一天，這是我對伯格老師說的一句話，他是我們身材魁梧的體操教練。

「湯姆．維森杭特，」他回答道。「他是高年級生，也是隊長。」

「是嗎？我會打敗他，」我以初生之犢不畏虎的姿態說道。

「真的嗎？」伯格老師有點尷尬地說。「那你可以親自警告他，要他提高警覺囉！」他邊說邊指著一個坐在不遠處一張凳子上、面帶笑意的十八歲高年級生。湯姆和我從那一年起就成了好朋友，即使我贏得各項殊榮，包括成為隊上跳馬排名第一的選手，也無損我們的友誼。

那年夏天，我和彈翻床夥伴學會了如何跨出兩大步跳到牆上後，再接後空翻落地，後來我們還跳上樹幹、郵筒、電線桿，甚至是停駛的巴士，然後再空翻下來。

有天傍晚，我穿上毛衣打上領帶，搭配新的休閒褲，盛裝打扮準備前往好萊塢大道，赴一場晚餐加電影的約會。我和約會對象在大雨中開著車，我偶然提到一個「有趣的特技」，答應稍後示範給她看。天色剛轉暗的傍晚時分，我們走在一條巷子裡，街道依然溼漉漉的，地上到處有小水窪，映照出炫目的街燈。我說：「好，給你一個驚喜！」旋即對著一面牆奔跑，然後準備起飛……

很不幸，由於光線昏暗，我對自己與牆之間的距離判斷錯誤，所以不但沒能成功表演後空翻，反而對著空氣踢出去，然後就像滑稽的卡通人物，在空中停留瞬間後就背朝地直直摔落在一個水窪裡。我躺在地上，臉朝上望著她一臉疑惑不解的表情。

「我沒踢到牆。」我喘著氣，簡單陳述一個明顯的事實。

片刻的沉默之後，她說：「嗯，這真的……很有趣。」

我不記得我倆之後看了什麼電影，只記得我花了整整兩小時在讓自己風乾。

儘管偶有悲劇發生，我在特技方面下的苦工仍為我帶來了生活意義，以及良好進展，也給了我一個出口，讓我擺脫來自家庭的巨大壓力。我的青少年時光剛好是我姐姐迪迪最苦惱的階段，她經常突然情緒爆發，用力摔門，或默默退縮至她的內心世界，這讓我不知如何是好，心情沮喪萬分。我不懂她不快樂的原因到底是什麼。她仍是那個在我少數參加的派對上教我跳舞的姐姐；同樣是那個訓練我打字變得飛快，為我未來的寫作打下基礎的姐姐。她所引發的情緒風暴，我無法不受影響，我想幫忙，卻覺得心有餘而力不足。有一次，迪迪哭著跑進她房間，我就站在房間門口和她一起痛哭。

迪迪和我也有一些共度的美好時光，但我永遠不知道何時會說出或做出刺激她發飆的事，因此我也退回自己的內心世界，專心過自己的日子，在體育館裡，把自己拋到半空中時，我能感到安慰並忘記那些事，將那些創傷、情緒風暴與焦慮拋在腦後。

兩位老師

每個禮拜，機智幽默、標準很高的九年級英文老師伊凡·史密斯都會讓班上同學欣賞一幅抽象畫，或播放古典音樂的唱片，然後要求我們以這件藝術作品為靈感，用剛好兩頁的篇幅創作一則極短篇故事。稿件必須是乾淨無瑕疵的打字稿，右邊留白的邊界必須接近一直線，換句話說，我必須不斷編輯、修改字彙，才能符合這個要求。雖然我早期創作的這部業餘故事，詭異地和電視影集《陰陽魔界》（*The Twilight Zone*）系列非常相像，但這些寫作作業仍獲得全A的最佳成績，也在學期結束時獲得A的總成績。我在課堂上的表現透露出幾個訊息：要創造出優秀的文學作品需要付出相當的努力；體操並非我的唯一強項；創意寫作也可能令人沉醉其中。

十年級的時候，我又遇見了另一位才華洋溢的老師，湯普森老師。他讓班上同學朗讀、分析《叛艦喋血記》（*Mutiny on Bounty*），輪流大聲朗讀莎士比亞的作品，以及桑頓·懷爾德（Thornton Wilder）感動人心的劇作《我們的小鎮》（*Our Town*）。

當我回顧這兩位老師，湯普森老師與史密斯老師，我發覺竟有那麼多人在指導、啟發著我：作家、長者、同儕、好榜樣，包括我父親和母親，他們每一位都是照亮我人生道路的一盞明燈。有了他們的引導與鼓勵，我才能做好準備迎接往後發生的一切。就在我過渡至青少年的階段，我的寫作能力剛剛獲得了啟蒙。

冒險與運氣

十六歲生日時，我懇求父母買一輛摩托車給我。「這比車子便宜多了，而且很好停車。」我說。

「太危險了，」他們雙雙回答，「不過我們找到一部你可能會喜歡的二手車。」

我們來到了西木區的一棟公寓外面，一名男子拿著一把鑰匙走出來，指著一部一九五八年分的雪佛蘭硬頂敞篷車。我嘴巴張得老大，轉頭望向父母，他們也正望著我，什麼都不用說了，我臉上的表情已經說明了一切。

經過我家附近汽車維修廠的師傅傑瑞調整後，這部跑車跑起來就像火箭一樣快，G力將我壓在客製化條紋縫線設計的經典座椅上。幾天之後，我想開進傑瑞的汽車修理廠打聲招呼，結果我沿著小巷開進去，卻眼看著車子漸漸加速朝著一輛放在木塊上、四個輪胎都還沒裝上的福特轎車衝撞過去。我試圖在距離那部福特轎車幾公尺前的地方踩剎車，但我的輪胎卻在碎石子路上不停打滑。

時間瞬間慢了下來，同時我努力用「意志力」叫我的跑車停下來，但它還是多滑行了幾寸遠。我車子的前保險桿差一點就碰到福特轎車的車門——這衝勁雖不足以撞凹它，卻足以讓支撐它的四個木塊翻倒。眼看車子底盤直接摔落在水泥地上，發出恐怖的撞擊聲，整個重量壓在傳動軸上，我不由得倒抽了一口氣。然後，傑瑞受到驚嚇的臉龐出現在他辦公室裡，張大了嘴說不出話，他手上的話筒還貼著耳朵呢。

幾分鐘過去，我不斷賠不是，傑瑞則忙著估算損失。他告訴我，就在我將車子從木塊上撞倒的三十秒前，他還以臉朝上的姿勢「躺在那部轎車下面」，剛好鈴聲響起，他才跑去接電話的。

一個禮拜之後，我用一筆在超市打工存下來的錢，宴請傑瑞和打電話給他的那個人，在一間高級餐廳共享了一頓晚餐。

高三那年春天，有幾位大學教練和我取得聯繫，包括加州大學的哈洛德·佛瑞。

他邀請我飛到柏克萊，參觀有著美麗景觀的校園。佛瑞教練告訴我，他們團隊創下連續一百場對抗賽優勝的優秀戰績，還得到過數次「太平洋八校聯盟」冠軍，唯有「美國國家大學體育協會」（NCAA）的團體冠軍，與他擦肩而過，讓他垂涎不已，他希望我能幫助他實現這個願望。

高四那年，我申請就讀加州大學，獲得了入學許可。我獲得的助學金項目包括一份校園打工，就是在足球比賽結束後打掃看臺，領到的工資可以補貼我的學費和書本費。

第四章 成長之路

現在我已經在學習如何駕船航行，不那麼害怕狂風暴雨了。

——路易莎·梅·艾考特（Louisa May Alcott）

加州大學第一學期即將結束，成績都已經公布之後，我發現自己被留校察看了。那個週末，我仍因為這個消息而處於震驚狀態時，被要求在一場大學籃球比賽的中場休息時間和另外兩位隊友表演彈翻床動作。隊友開始表演常規動作時，我們助理教練查克·基尼一邊介紹他們出場：「這位是勞伊·布里格斯，英文系，GPA[3]三·八。」（有些零散掌聲）接著，「大四生湯姆·費許奈爾，醫學預科生，GPA四·〇。」（掌聲多一點）而當我開始表演動作，基尼老師卻說：「丹·

米爾曼，現任世界彈翻床冠軍。有他那樣的風采，誰還需要成績呢？」（滿堂掌聲加笑聲）

無論是對我或是佛瑞教練來說，我的學業成績都不是一件好笑的事。如果我不改進，就會失去比賽資格，甚至可能必須離開學校。我對失敗並不陌生，我曾在嘗試新的彈翻動作和體操動作時失敗過許多次，因此我知道該如何回應：我大刀闊斧重新安排優先順序，開始為課業付出我對體操付出的相同心力。如果訓練是比賽的彩排，那麼用功就是考試的彩排。我用演員熟記臺詞的方式熟記資料，每晚都為我潦草的筆記重新打字，強迫自己整理並複習課業資料，我也讀遍所有必讀的書本，而且勤畫重點。學年結束時，我終於得到平均 B 的不錯成績，擺脫留校察看的命運，證明我也不輸給加大的其他學生。

這個經驗讓我也看見了身體與心理訓練兩者的關聯。就某方面而言，我們怎麼

---

3 指學業成績平均點數（Grade Point Average，簡稱 GPA），美制中高等教育的成績算法，滿分為四．〇，通常三．五以上即為不錯的成績。

做一件事，就會怎麼做所有事，我是這麼想的。一旦領悟到訓練與生活之間的關聯，我在心理上便自覺地從一味的追求專精（或說精進技術之道），轉向至更高層次的統御之道了。

佛瑞教練看見我成績進步了，便催促體育主任發給我這位加大唯一的世界冠軍一份涵蓋未來三年的全額體育獎學金，減輕我父母肩上的經濟負擔。我不用去打掃足球場看臺了，現在我每月的第一天都會收到一張支票，取代過去的餐卷和校園工作。體操已經變成一份支持我度過大學階段的「職業」。

大二那年，我們團隊贏得了聯盟冠軍，我也在跳馬項目獲得我的第一座NCAA冠軍獎盃（在頒獎臺上，我回想起自己高中時曾發誓成為最棒的跳馬運動員的那一天）。後來我選擇主修心理學，但那並非一個事業上的選擇。我依然相信未來會照顧好它自己，覺得這是一種相當有智慧（或特別愚蠢）的人生規劃。

在加州大學三年級的時候，我在寒假時受邀為年輕體操選手指導彈翻床與騰翻的特定技巧。當時我的一個學生這麼說：「丹，你會是個很棒的教練！」我聽了並沒有當一回事，我仍相信自己應該將目光放在一份職業……或者類似的東西。多年以後，演員莉莉．湯姆琳（Lily Tomlin）說的那句：「我一直想成為大人物，但或許我應該把目標訂得更明確一點。」倒是一語中的，點出我的目標模糊不清。

我自願指導週末上午在柏克萊青年會孩童的騰翻課，我帶了一個大箱子，裡面裝滿了我多年來贏得的各式各樣獎牌、勳章、獎盃等，讓館方人員重新刻上名字，將它們傳遞下去給孩子們。

與「死之華」不期而遇

「你可以戴上滑雪面罩，」那人說，「在閃光燈一閃一閃的時候，做一些彈翻床的空翻動作嗎？」

「好啊，」我說，然後指著大概距離我們兩層樓高的走道上方。「你想要我一開始就從那個看臺跳下來，接著做表演動作嗎？」他喜歡這個點子，因此我戴上面罩，往下跳，然後做了大概二十次帶轉體的空翻，同時因為閃光的關係，我幾乎看不見。接著我跳下彈翻床，融入人群中，穿過一個超現實的場景，再回到校園。

這場小型表演被安排在佛瑞教練和一九九六年舊金山旅程音樂祭（The Trips

Festival）[4] 的舉辦人史都華·布蘭德（Stewart Brand）的出場之間。旅程音樂祭是一場結合表演藝術與迷幻慶典的開創性集會，有肯·克西（Ken Kesey）[5] 的朗讀，還有一個剛改名為「死之華」（Grateful Dead）的樂團處女秀（之前稱為術士樂隊〔Warlocks〕）。那是迷幻藥（LSD）在九個月後被列為非法藥物之前，史上最大規模的「迷幻體驗」派對。

二〇一六年，在舊金山公共廣播電臺的資深編輯蓋伯·梅林一次專訪中，史都華·布蘭德做出了以下評語：

主持人：今天當你想起旅行音樂節時，腦海裡會立刻浮現出什麼樣的畫面，什麼最讓你印象深刻？

布蘭德：我想我最喜歡的一刻就是我設計的那一段場景，當時我聘請一位名叫丹·米爾曼的奧運等級體操選手來表演。我想那是那個週六夜最詭異的高潮時刻。我們將一張從舊金山州立大學借來的彈翻床，拖到碼頭工人大會堂的正中央，在周圍設置一系列互聯的閃光燈。突然間，他戴著滑雪面罩從陽臺跳躍到半空中，降落在彈翻床上，然後繼續越跳越高、越跳越高，表演奧運規格的三次空翻、多次轉體等精彩動作。這一切都在閃光燈一閃一閃的場景下進行，人們圍繞在四周，納悶著眼前所見到底是真實世界的景象還是腦袋裡的幻覺，他們好像還會詢問彼此：你看見了我看見的嗎？

他的表演太漂亮了，在閃光燈閃爍並戴著滑雪面罩的情況下，一定很不容易。他做了夠多（的空翻），讓你驚呆不已，接著他一轉眼就溜到人群裡，我們也立刻將彈翻床移開，就這樣。

我好像付了他五十美元吧。

---

4 旅程音樂祭中的「旅程」（Trip），通常用以形容吞下 LSD（也包含後來其他種迷幻藥）之後的迷幻體驗，宛如一段旅程。

5 美國知名小說家。他曾參加過迷幻藥實驗，此次經驗讓他寫下成名作品《飛越杜鵑窩》（*One Flew Over the Cuckoo's Nest*，後改編為同名電影）。他對迷幻藥帶來的感官體驗深感興趣，並將 LSD 視為追求心靈解放的工具，他和朋友組成團體「快樂的惡作劇者」（Merry Pranksters），常開著一輛重新塗漆的舊校巴，巡迴各地推廣 LSD 帶來的迷幻體驗。

兩秒鐘的娛樂圈體驗

這學年以好壞參半的結果告終：好的一面是我維持了相當不錯的成績，但在體操競技方面，因為主場觀眾的鼓舞和當地裁判的因素，華盛頓大學擊敗我們，讓我們痛失聯盟冠軍。許多觀眾以及多名教練都質疑這個結果，不過我們難過失望的情緒更增強了在來年贏得第一座全球大學團體冠軍的決心。

這就是關於運動最棒的事：永遠都有下一季。

那一年初夏的時候，美國體操聯合會（USGF）邀請我和我的朋友兼隊友席德．佛洛丹斯頓這兩個有潛力參加奧運的選手，前往賓州大學參加一個為期兩週的訓練營。知道自己獲得優秀教練的青睞，更激勵我再創高峰。身為隊上的外卡名額，必須依賴的是創新（和偶爾出現的奇蹟），於是我嘗試了幾個就我所知還沒有人曾經完成的動作。訓練營結束的時候，美國體操聯合會決定送我和席德到南斯拉夫（現今為斯洛維尼亞）的盧布爾雅那，和世界體操錦標賽的體操菁英一起受訓，於新學年開始前在國際上曝光。

每一件事都水到渠成，我處於生命中體態最佳的時刻，我意氣昂揚，為最後一年的大學比賽做足了準備。佛瑞德教練為我盡心盡力，我想要在將目標轉向奧運選拔賽之前，幫助他實現獲得全國團體冠軍的夢想。

夏天接近尾聲的時候，我賣掉了雪佛蘭跑車，雖然父母仍有所擔憂，但我還是買了一部凱旋（Triumph）五百CC的摩托車。

就在我認為日子不可能再更好的時候，我和我的長期彈翻床夥伴史蒂夫·倫納雀屏中選，被點名在馬里布遊艇俱樂部的拍片現場進行一些體操特技動作，現場拍攝的是一部較少人提及的電影《豔侶迷春》（*Don't Make Waves*），由東尼·寇帝斯（Tony Curtis）、克勞蒂亞·卡蒂納（Claudia Cardinale）與莎朗蒂（Sharon Tate）主演。每天早上我都會騎著我那臺轟隆轟隆叫的摩托車，將吉他綁在行李架上，沿著太平洋海岸公路一路往北前往片場。停工時，我和特技演員羅斯·桑德斯目擊到東尼·寇帝斯將自己綁在一個安全裝置上，學習如何在彈翻床上做後空翻。

我與好萊塢匆匆邂逅之後，夏天最後剩餘的日子也很快過去了。由於我打算在飛去南斯拉夫的前一天，再騎著我的凱旋摩托車北上柏克萊，因此我決定先去拜訪住於西洛杉磯的姐姐。我一把抓起安全帽便走下樓梯，老爸在窗戶邊對我說：「小心點喔，丹尼！」

「我會的。」我答道，一邊讓摩托車引擎快速運轉，我穿著體操T恤和褪色的LEVI'S牛仔褲，覺得自己很酷。

第五章
計劃改變

你有無數的老師：
提供給你的機會是你的老師；你所承受的痛苦是你的老師；
每一次拉扯你心弦而讓你淚流不止的，都是你的老師。
——孟加拉鮑爾人（Baul）的詩句

我離開姐姐的公寓時，街燈在薄暮時分點亮。傍晚的涼風吹得我神清氣爽，我沿著西部大道往北騎，注意到前方對面有一部淺色的凱迪拉克，等著要左轉。我將速度放慢——這個小小的警戒動作可能救了我一命。就在我進入十字路口時，凱迪拉克突然加速衝過來，直接在我面前左轉。

我猛踩剎車，只瞥見轎車駕駛驚恐的臉龐瞬間凍結的畫面。現場傳來慘烈的衝撞聲和玻璃碎片掉落一地的聲音，一切彷彿都快轉一般，整個世界也變成了一片黑。一位目擊者說我的身體空翻過那部轎車，然後砰地一聲重摔落地。幾秒鐘之後，我回過神來，發現自己臉朝上躺在水泥地上。

恢復意識之後，我往下看，看見白色骨頭從我左腳皮鞋的撕裂處突出來，然後感到右大腿被夾碎似的一陣燒灼刺痛，我強忍著不放聲尖叫，但還是被這份痛楚擊垮了。我望著天空，看見一小群憂心的旁觀者圍著我，他們的聲音似乎很遙遠，但嗚笛聲卻越來越響亮。有人用手扶著我的頭，拿掉我的安全帽，將我抬到擔架上。

我昏昏沉沉，半夢半醒地做著痛苦的惡夢：只有自己在一輛救護車裡，在扭曲的時間感中，奔向洛杉磯骨科醫院急診室的模糊印象。待命的外科醫師顯然值班時間快要結束了。「我累斃了。」我聽到他這麼說。

我發出呻吟，右腿陣陣劇痛、痙攣，我只能努力讓自己淺而急促的呼吸緩和下來。我臉色灰白、不斷冒冷汗，噁心感加劇，顯示我有腦震盪，這表示急診醫師不能給我任何鎮定劑，因此當他將我每一根脫臼的左腳趾拉出來塞回原位，再將我左腳大拇指骨推回原位，然後縫合傷口時，我都是完全清醒的。接著，外科醫師轉而全力處理我最主要的創傷，他在我右腿膝蓋下方的小腿鑽入一根長鋼釘，接上一條金屬線再施以重量，以製造牽引效果，用來伸展我的大腿來舒緩痙攣，減輕骨骼承受的壓力，我的骨頭已經碎裂成三十多塊了。

我在受到驚嚇且神智不清的情況下，詢問醫師兩、三天後我是否依然可以飛到國外參加世界錦標賽的賽前訓練。他只是回我：「如果你夠努力，六個月內應該可以正常走路。」

很快地，老媽、老爸，我姐姐迪迪便出現在病房了，他們看起來臉色慘白，表情悲痛，而就在那一刻，我才領悟到令人絕望的現實。我強忍住自憐的眼淚，直到父母和姐姐離開後才功虧一簣，然後我沉沉昏睡過去，度過了一個心神不寧的漫漫長夜。

第二天早上，我打電話給佛瑞教練。我深呼吸了一口氣後，告訴他這個消息，有好幾分鐘，我只聽到一片死寂。他祝我早日康復，說他會通知學校的體育室。「你現在最重要的工作就是康復起來，丹。我下禮拜再來看看你的狀況。」我可以感到他有多麼失望。買下那部摩托車時，我心裡想的只有自己的形象，完全沒有顧慮到我的團隊、教練或是父母。

那天稍晚，骨科醫生向我解釋，我必須選擇進行六個月的牽引治療，或是手術。終於有一次，事情不難決定。

手術的前幾天，一位內科醫師朋友來病房探望我，遞給我一本小冊子，內容是關於素食的好處，它說明在不吃肉的情況下也可以攝取充分的蛋白質。在那之前，我從未對自己吃下的食物思考太多，但現在，康復是首要之務，而那本小冊子所言十分有理，因此我決定不再吃動物的肉。若是遵循一個較為清淡、無肉的飲食原則，我可能可以在接下來的幾年裡變得更健康，而我是直到後來才得知，植物性飲食其實能對我們的地球帶來更廣泛的好處。

接下來那個禮拜，外科醫師在我的右大腿側邊劃出一道又長又深的血痕，切開我那些曾經運作良好的肌肉。他取下我骨盆的骨骼，移植到碎裂的骨骼上，然後從大腿骨中央打入一根鈦合金骨釘，從臀部延伸到接近膝蓋的地方，功用就像是內部的石膏。

我醒來之後，感到一股劇烈的疼痛，每四個小時就需要注射一次止痛劑，那是一種藥效強烈且兼具鎮定效果的止痛劑，注射完之後我便沉沉睡去，直到再次痛醒。接下來的幾天裡，我進入一個因用藥而昏睡、痛醒，再昏睡的循環，一直持續了好幾天，疼痛才終於緩和下來。我發現，沒有任何事比停止痛苦更加令人愉快。

後來有位護士通知我，有位名叫史蒂夫·哈格的年輕人來探望我。我見過史蒂夫，他是個優秀的高中體操選手，我們曾在聖莫尼卡海灘體操大會一起表演過體操。由於止痛藥的關係，我的情緒仍禁不起刺激，我記得一位護士告訴我，史蒂夫在我睡覺的時候，靜靜坐在我床邊將近一小時。

不一樣的生活

出院那一天，由於我已經平躺了三個禮拜，因此第一次站起來時幾乎昏厥。我不需要外部石膏，但至少有三個月的時間需要靠拐杖支撐。我的體重掉了好多，當我重新穿上自己的褲子時，我已經撐不起它了。我接受了爬樓梯的拐杖使用訓練，並和值班護士道別後，終於可以離開了。

我拄著拐杖穿過醫院停車場，走向我父母的車子，那是一個難得沒有空汙的清朗日子，涼爽的微風吹拂過我的臉龐，夾帶著一些我已經遺忘的氣味。附近樹上吱吱喳喳的鳥兒，混合著車輛來來往往的聲音，為我慢慢甦醒的感官創造出一首美妙的交響曲。雖然聽來很奇怪，但是在那樣的情況下，我竟處於一種充滿喜悅的心境，從多年來驅策著我的高壓生活下解脫——那是一份自我強加的壓力，直到它突然消失我才注意到。

儘管突如其來的意外令人痛苦萬分，但我也思考過傷勢可能會更糟糕，還好我的頭部或脊椎都沒有受傷。我在不確定性中發現了寧靜，不知道我是否還會回到之前健康的良好狀態，我只能盡一己所能，然後看看接下來事情會如何發展。

一回到家，我立刻坐上淋浴間的凳子，盡情用熱水沖刷，洗掉過去三個禮拜來的痛苦回憶，還有對我感到失望的那些人：教練、我的隊友、我的父母，最後還有——我自己。

我和父母在一起待了幾天，在溫暖的日光下休息，在他們小泳池的淺水裡游泳，費力地強迫我那縫合過的腿部肌肉活動活動。我吃得很少，像是新鮮蔬菜水果、優格、堅果、蛋、全穀物、起司等，依據口味和胃口調整。我漸漸重拾了活力。

身體上，我是有殘疾的。外科醫師測量了我雙腿的長度，發現右腿（也就是手術的那條腿）比左腿短了大概〇．六四公分，此外，我手術部位以下的右腿往外旋轉了十五度——這種狀態對正常走路都很不利，遑論重新回到體操隊。

秋季開課的學期已經進行到一半，現在回去柏克萊沒有意義。朋友邀請我去他們位於聖莫尼卡、距離海灘只有五個街區的家中住上幾個禮拜，我欣然接受了。

因此，接下來的四個禮拜，我每天早上都拄著拐杖來到海灘，帶著一條大浴巾、三個雜耍用的球、訓練力量用的橡皮拉力管，還有一本書，輪流閱讀和進行力量訓練。我每天都在大太陽底下流汗數個小時，試圖重複以手撐地倒立的動作，努力大口呼吸，讓每一吋肌肉都發揮到極限。然後我會單腳跳進淺水的浪花裡，坐在那裡想像自己做著高難度的空翻動作，直到鹹鹹的海水沖去我滿身的汗水，也將我高飛的夢想沖進大海。

那四個禮拜，我會固定前往沙灘，與大海和沙子為伍已經成為我最新的生活方式。按摩師麥爾坎會跟我開玩笑，蘭德智庫的「博士」每天都會來找我談論政治和女人——大部分是談論女人啦。這時，我上半身的肌肉就像大理石雕像一樣結實、線條分明，但我的右腿仍看起來像根竹竿。

等到我準備好返回加大時，席德已經飛到國外，和世界頂尖的體操選手一起訓練了，團隊現在正為下一季做準備，我自己的計劃則像被撞倒的保齡球瓶般，東倒西歪。

幽靈般的生活

那年十二月，也是一九六六年我回到柏克萊的最後幾個禮拜，我在離體育館幾個街區外租下一間小小的套房。我好開心又能夠再次自立自強了，努力拄著拐杖在鋪了地毯的樓梯爬上爬下，同時還提著一大包洗衣袋和超市買的幾樣生活用品。這種獨處環境很適合作為一個安全泡泡，讓我過著如僧侶般、喜歡沉思的生活。

我第一次回到久違而顯得陌生的熱鬧體操室時，看見一些新臉孔，也看見了一些熟悉的臉孔。瑞克、席德，還有一些其他隊友都圍過來。他們瞄了我的拐杖一眼，然後批評我「在好萊塢大道上飆車」的愚蠢行為（我並沒有做這件事啊）。赫柏責罵我在他大四這年破壞了我們獲得全國團體冠軍的機會。我原本就對這些場景有心理準備了——總比上演一齣同情大戲好多了。

之後的每天早上，我都會緊握著拐杖努力走到體育館，利用重訓器材進行訓練，然後筋疲力竭地進入游泳池。我依靠水的浮力來回走動，一直到感覺疼痛才停止。然後我會躺在體育館後方的草坪上伸展肌肉，以保持進一步訓練所需的柔軟度。最後我想休息了，就會去圖書館看書，經常會小酣片刻。

我在校園裡遊走，覺得自己像個隱形人，一個幽靈般的存在——存在又彷彿不存在，在校園裡卻又不是個學生，在體育館但又不在隊上。每個人都在為期末考苦讀，我卻獨自一人在重訓室或體操室的某個角落，伸展、鍛煉我上半身的力量，周遭隊友們都在單槓上擺盪，在騰翻、在空翻，為一個我只能在看臺當觀眾的賽季做準備。

我將拐杖捐出去了，然後買了一根手杖，開始測試我右腿的能力，從五磅（等於二．二七公斤）的重量開始，再以輕柔的按摩作為結束。

由於那時我已經不具有註冊的全職大學生身分，而當時美國在越戰越陷越深，所以我收到了徵兵的體檢通知。我拿出右腿那根長長鋼釘的 X 光片給他們看，於是被重新歸類為不適合服役。

十二月中旬，就在寒假開始前，一位身材苗條、戴著細框眼鏡，眼鏡後面有著一副美麗臉龐的紅髮女子來到體育館，觀看我們隊員練習。她立刻吸引了我的注意。沒多久，我們便交談了幾句，她的名字是琳達（Linda），是個大一學生。她邀請我到她的公寓共進晚餐，當我離開時已經將近凌晨三點了！

在我回家的路上，牛津街與赫斯特大道路口轉角處的星空下，命運正在等待著我。

一場偶然的相遇

我拄著手杖一跛一跛走回家，轉頭看見一間二十四小時的加油站，它的辦公室非常明亮，在所有商店都已關閉的荒涼黑夜裡特別顯眼。我走進店面，想從自動販賣機買些零食吃的時候，遇見一位獨自值晚班的店員。他臉上沒有皺紋，眼神清澈，舉止從容，實在難以猜測出他的年紀。他似乎很開心有人來陪伴他，我們遂聊起天來，而且聊著聊著，聊到了對實相本質的思考。由於當時我處於高度接納的狀態，可能是宇宙想彌補我的那場摩托車意外吧，我心中的門突然開啟了。

我不太記得那場對話的細節了，但是那人的聲音與形象，觸發了我內在某種莫名的東西，催生出一個我以古雅典哲學家「蘇格拉底」命名的角色。在那場相遇之後，我再也不會只憑一個人在生活中扮演的角色，而預設他們擁有的智慧或覺察能力高低了。

我離開之後，再也沒有見到過那位老技師，但是我腦海裡冒出一連串的字句，

我一回到房間就將它們草草記下，變成長達十頁的詩文。這首詩作是受到那場偶然的相遇所啟發的，隨著時間流逝，稿子早已散失，但是其中仍有幾個句子成為十四年後一部自傳式小說的種子。

一九六七年的春天，琳達和我相處的時間越來越多，直到她決定離開加大，搬到洛杉磯謀職。之後我們經常透過電話並偶爾藉由書信保持聯絡。

第六章 流沙

我從多話的人身上學到沉默，從不寬容的人身上學到寬容，
從不仁慈的人身上學到仁慈。
奇怪的是，我從不對這些老師心存感謝。

——紀伯倫（Kahlil Gibran）

我的朋友兼隊友赫柏·所羅門（Herb Solomon）在五十週年聚會上寫了一封帶有反思意味的信給我們團隊，他信中的描述精準抓住了我們的大學時代，也就是一九六〇年代的時代精神：

那時的校園生活超酷：民權運動、斯托克利·卡麥克爾（Stokely

Carmichael）[6]、越戰反戰示威與言論自由運動、亞爾波特和李瑞（Alpert and Leary）[7]、巴布·迪倫（Bob Dylan）、披頭四（The Beatles）、滾石樂團（The Rolling Stones）、性愛以及那些對精神產生作用的藥草、濁氣樂隊（the Fugs）、傑佛森飛船（the Airplane）、死之華樂團、鄉村喬與魚樂團（Country Joe and the Fish）、肯·克西與快樂的惡作劇者、海特—艾許伯里（Haight-Ashbury）[8]、嬉皮文化、迷幻藥與費爾摩禮堂（Fillmore）[9]——這些全都融進柏克萊這個巨大的渦流裡。加大的校園感覺就像是宇宙的中心，就某方面而言，確實如此。

---

6 美國黑人民權運動領袖。

7 指Richard Alpert與Timothy Leary，兩人原為哈佛大學心理系教授，亞爾波特為李瑞的副手，因主張迷幻藥的治療效果、向內探索與脫離體制，而對當時的傳統社會體制造成極大衝擊，堪稱嬉皮文化始祖。後來兩人遭哈佛大學解職，李瑞繼續宣揚其理念，亞爾伯特則前往印度追求心靈成長，改名「拉姆·達斯」（Ram Dass），成為知名身心靈導師（也是本書第十章的「大師」），對戰後嬰兒潮世代影響甚劇。

8 六〇年代美國嬉皮文化主要發源地之一。

9 舊金山一座歷史性音樂廳，為六〇年代非主流藝術與音樂運動的沃土。

即使沉浸在六〇年代晚期那多彩多姿的戲劇化生活裡，我的注意力已經開始轉向內在，進入一個平行宇宙，與流行的事物和意識形態分道揚鑣，由隨後數十年間不斷變化的靈性浪潮帶領著我前進。我就像個騎馬的人，如果有人問我要往哪裡去，我會回答：「你必須問馬。」我那匹心靈戰馬被吸引到一個意想不到的疆域，已經失去原有的步調與時間，一心嚮往著永恆。

遲來的加大最後一年，周遭充斥著「要做愛，不要做戰」（Make Love, Not War）的標語，處處可見紮染的上衣。我經過史布勞爾廣場時，背景是越來越龐大的反越戰示威人群。我也反戰，卻避開了人群，專注在學業與復建，並且訓練自己將夢想化為現實。

我們的隊伍在沒有我的情況下，完成了一個算是相當不錯的賽季，只是十年來第一次輸掉主場。隊上沒有人知道我是否能再次參加比賽——包括我在內，我的走路姿勢依舊怪怪的，臀部會翹向一邊，因為我右邊大腿骨那根長鋼釘的上半部會刺激到我的臀部。

儘管如此，我依然繼續向前挺進，從一開始的重量訓練，到更多的倒立練習，再到吊環上做一些擺盪動作，再進展到單槓動作，然後從器械上慢慢落下，用一隻

腳著地。我第一次在單槓上做大迴環時，席德和湯姆都在旁邊，準備好隨時接住我。我們是關係緊密的團隊，彼此有著深厚的兄弟情，但是現在他們就像母雞般緊張兮兮，反而讓我在做後空翻、用單腳起跳或著地時，增添不必要的風險。

露西在綴滿鑽石的天空[10]

摩托車意外事故中斷了原有的生活方式之後，我已強烈覺察到自己並非不死之身，我心中有股越來越強的衝動，渴望更進一步了解關於內在世界與更高潛能的事。據說迷幻藥能讓人對隱藏在俗世之心背後的實相產生深刻的理解，因此我決定深深潛入自己的心靈。

有位同學幫我弄來了一劑麥角酸二乙醯胺（即ＬＳＤ），我便詢問隊友赫柏該怎麼吸食。

10 原文是「Lucy in the Sky with Diamonds」，為披頭四在一九六七年專輯裡的一首歌，由於歌名的第一個字母合起來為 LSD，因此被視為一首迷幻藥之歌，但約翰藍儂（John Lennon）曾否認這個說法。

「丹，你抽過菸草嗎？」

「沒有，我不喜歡將煙吸到我肺裡。」

「你有沒有喝醉酒過？」

「沒有。我從來沒有培養出對啤酒或紅酒的品味，可能是因為遺傳吧。」

「嗯，那麼，我建議你在展開ＬＳＤ之旅前，先體驗酒醉或陶醉微酣的狀態。」

於是，我抽了些大麻。那是我第一次真正能夠欣賞古典音樂之美或飢餓嘴饞的感覺[11]——更深層的味道、聲音，以及虛假的意義感，這是一種令你忍不住讚嘆的深度，但一旦興奮消退，感受也會隨之消退。無論是什麼，有起必有落。飄飄然的亢奮感帶給我一種熟悉的不滿足感，我可以預見，我可以再度變得很嗨，甚至一而再、再而三地這麼做，但最後還是會回到原點，這似乎毫無意義。此外，對於將使用改變精神狀態的物質作為休閒娛樂，我也直覺地感到厭惡（我又抽大麻或吸食大麻了幾次，但從來沒有真正喜歡上它）。

為了讓自己準備好踏上迷幻藥的「旅程」（我在此用「旅程」，因為「旅行」似乎不夠慎重），我還研讀了由李瑞、亞爾波特和拉爾夫·梅茲納（Ralph Metzner）合著的《迷幻體驗：根據西藏度亡經而寫的手冊》（*The Psychedelic*

Experience: A Manual Based on the Tibetan Book of the Dead，暫譯）。李瑞曾說過一段知名的話：「服用迷幻藥之後，能發生在你身上最糟糕的事，就是變回原來那個人。」

這時候，有位心理系研究生、和我們隊伍一起訓練的體操精銳雷·哈德利告訴我，他位於大學大道的公寓有間空房間。我搬進去之後，有時會坐在屋頂上，遠離地面的交通噪音，在那裡讀書並為即將展開的旅程做好心理準備。

我請雷伊週日早上看報的時候邊留意我的狀況。在那個安全的環境裡，背景播放著印度西塔琴音樂，我開始吸食。雷後來告訴我，我吸食後的四個小時裡，我躺在沙發上一動也不動，在那期間，我在自己從未探索過的心靈空間裡神遊，在我的內在宇宙裡翱翔。我利用迷幻藥作為旅行媒介，我臣服於腦海中出現的任何意象，它們就像是極為鮮明的夢中畫面：在太空漂浮、化為萬千結晶碎片，再重新結合，消融，體驗到極度恐懼、靈魂暗夜、自我死亡，然後重生，看見遍在的神性，萬事

---

11 指抽大麻後會有飢餓、想吃零食的欲望。

萬物都具有深刻意義，如同詩人威廉·布萊克（William Blake）的詩句：「一沙一世界，一花一天堂。無限掌中握，剎那即永恆。」在這趟魔幻的神祕旅程，我融進了土地、樹木、山川、天空，進入一個潛能合一的意象之中。

這一小劑迷幻藥揭開了一個非比尋常的現實，讓我日常平凡的心境獲得超升、變得更燦爛，在這種「靈性現實」裡，丹·米爾曼只是至樂大海裡一滴意識的小雨滴。迷幻體驗讓我發現了新的可能性，讓我將事物的優先順序重新排列，並在後來啟發我踏上十年後在《深夜加油站遇見蘇格拉底》一書中提到的那些夢幻旅程。然而，如同心理學家亞爾波特（後來改名為拉姆·達斯）所發現的，迷幻藥或許能指出那條路，但只有持續的靈性修練能帶領一個人達到超越之境。

加速期

迷幻藥體驗標記了我尋求心靈啟發的意識起點，在那之後，我開始遍覽書店架上各種哲學、心理學和宗教類的書籍。涉獵了一些古典作品之後，我轉而深受諸如艾倫·華茲（Alan Watts）或阿道斯·赫胥黎（Aldous Huxley）等現代作家的吸引，比起為古老的年代與文化所撰述的那些神祕晦澀的語言，他們的書寫方式對我來說是更容易理解的。我在加州電報街上遇見過一些「波西米亞靈魂」，他們都宣告著自己的真理、導師或道途，但是趕流行、隨波逐流並非我的本性。我內在有個聲音在低語：繼續前進！激勵著我走向未知的目的地。

那年夏天，在我摩托車車禍發生一年之後，外科醫師移除了大腿骨的鋼釘，將我的一隻鞋子稍微墊高後，我就能再次正常走路，我心中第一次有了這個想法：我或許有機會重新加入體操隊。抱著這樣的希望，我力求完成學業和最後的體操賽季。我的目標完全放在NCAA錦標賽，那是佛瑞教練長久以來的夢想。我不能再讓教練或隊友失望了。

就在我最後一年暑假，一九六七年八月，我前往洛杉磯拜訪琳達，我們兩人在聖莫尼卡和煦的陽光下，一同躺在海灘毯上，我突然有一股衝動，問她是否願意嫁給我，這讓我倆都吃了一驚。我們其實認識彼此還沒有很久，甚至根本不認識我們自己。當時她十九歲，我二十一歲。

在那一刻之前，我從未想過結婚這件事。我感到有點困惑，試圖弄清楚自己的動機到底是什麼。或許我是受到瑞克的影響，他幾個月前才和愛情長跑多年的女友結婚，還有席德，他也剛訂婚。又或者，我只是需要做出**某種**決定，讓自己相信人生是可以掌控的。我後來才發現，「別想它，跳就是了！」這句忠告可能並不適用於每個決定。不過現在大局已定，我們在柏克萊辦了婚禮，然後租了一間公寓。

九月時，琳達找到一份銀行員的工作，我也註冊了加大最後一學期的課程。一九六八年一月，琳達告訴我她懷孕了，我欣然接受，將它視為歡迎我回歸任務前的一個好消息，那個任務就是：NCAA錦標賽。

在最後一學期的期間，我回想起自己十年前撰寫短篇小說時揮灑創造力的愉快體驗，於是透過「名家學院」（Famous Writers School）報名了一套函授課程。研讀過他們四部內容詳盡的教科書之後，我寄出了指定完成的小說與一些非小說作品，對方會加上編輯評註，告訴我如何改善作品之後再寄回。這是我唯一接受過的正式訓練，也是創作優質作品一個很棒的開始。多年之後，這所學院爆發了一件醜聞，其商業操作引發了爭議，不過我自己的體驗倒是十分正面。

NCAA錦標賽開始前的三個禮拜，一九六八年三月，我以「年度運動員」的身分從加州大學柏克萊分校畢業了，由於NCAA的規定裡允許剛畢業的學生參加他們最後的體育賽季，因此我得以在亞利桑那州的土桑重新加入體操隊，參加這場盛會，這時期是我多年訓練的高峰。

回顧過去四年的大學生涯，我將自己視為典型的學生：聰明又愚蠢，理想化且憤世嫉俗，具有慈悲心也是自我中心的，缺乏安全感且充滿自我意識。畢竟當時我只是個十多歲的青少年，才正要進入成年期，還在學習如何正確看待事物。大學生活期間，我曾在選擇職業生涯或建立一段長期關係之前，藉由有計劃的挑戰考驗自己，但令人遺憾的是，我在這兩方面都沒有做好準備。我只是希望接受教育、滾滾床單、甚至可能加入某個宗教。或許一部分的我還想拯救世界——或只是拯救（或發現）我自己吧。和許多大學生一樣，我在年少輕狂中度過了這段歲月。

身心全然投入的體能訓練和我那場意外，也在我跌倒、墜落然後再度爬起時，賦予了我一定程度的謙卑。投入一項運動教會我，進步是辛苦得到的，它不會在一夜之間發生，但會隨著時間過去而浮現。一般人有時似乎擁有選擇展現特定風格或戴上某種人格面具的奢侈，但是運動員不行——在運動裡沒有偽裝。我必須不斷努力奮鬥，失敗一次又一次，直到最後才能體驗到那瞬間即逝的滿足感。

命運之輪

琳達和我搬到洛杉磯時，我們的銀行帳戶裡大約只有五百美金，我在徵才的分類廣告裡找到一份推銷壽險的工作，這種感覺彷彿我一腳踏進了別人的生活。寶寶就快出生了，還得養家糊口，我必須放棄我的奧運夢。

四月初的時候，我回到體操隊，最後一次在NCAA錦標賽上和南伊利諾大學進行一場勢均力敵的激烈比賽。在三個項目之後，加大落後南伊利諾大將近兩分，這是滿大的差距，但我們每個人在個人動作的項目都表現穩健，等來到最後一個項目單槓的時候，我們已經大幅追上了。

南伊利諾大學還有整整一分的領先，但我們團隊的狀態火熱。我是最後一個上場的，已經預備好進行我比賽生涯的最後一套動作。所有的回憶瞬間湧上心頭：大腿骨碎裂後煎熬的日子、醫師要我放棄體操的告誡、重新獲得力量、在上坡路努力跑向山丘……

我感到一股洶湧的力量生起，接著是心如止水般的平靜——我的思慮清晰，身體出現震顫的麻刺感。我跳上單槓，將腿朝上舉起。我擺盪、騰越、轉體，再鬆開手，然後接住那閃閃發光的鋼管。我消融於純粹的動作之中，而且添加了一個我只在練習時做過的動作，然後再用更快的速度擺盪，鬆開單槓準備落地，再屈體兩次空翻下槓——我在空中旋轉、漂浮，將自己交到命運的手中。我踢腿，伸展軀體，砰地一聲穩健落在墊子上。

接著，群起沸騰。佛瑞教練抓住我的手瘋狂甩著，興高采烈地不願放手，隊友們也都一下子從座位上跳起來，我聽見遠處傳來震耳欲聾的掌聲。

結束了。期待已久的目標終於達成了，但這些掌聲聽起來已經不再一樣了。我對勝利的追求已然結束，我急流勇退。在一陣喧鬧不休，與伴隨著些許分離惆悵的團隊告別之後，我飛回洛杉磯。飛機降落之際，我往後躺，想像自己住在一輛露營車裡，停泊在一處風景優美的地方，沒在周遊全國拜訪朋友的時候，我就寫作。飛機的輪子一接觸到地面，我便猛然驚醒，有一瞬間，我懷疑：我原本有機會體驗的生活，都到哪兒去了？

六個禮拜之後，在一個週六傍晚，我坐在加州大學洛杉磯分校的保利體育館為席德加油，因為他和其他一些體操隊夥伴都入選了美國奧運代表隊。榜首是一位名叫史蒂夫·哈格的十六歲體操選手，我與他是在聖莫尼卡海灘認識的，而且在我住院期間他曾來探望過我。

奧運選拔賽之後，我開車北上沙加緬度，送琳達回她父母家，然後再開車前往柏克萊的哈門體育館探望佛瑞教練。見到我來，他非常驚喜，說：「丹，就在今天早上，我聽說史丹佛大學正在找新的體操教練，你何不打個電話給他們的體育主任？」

兩天之後，我獲得了教練的職位。我的教練工作和教體育課的收入組成了還過得去的薪水，勉強可以應付生活。

沒多久，我們的女兒荷莉（Holly）出生了。我們現在是一個家庭了。

第七章
教練生涯

教練，是一個其後見之明能成為你的先見之明者。——無名氏

在史丹佛執教期間，我面對的是一項艱鉅的任務：將一個基本上相當於高中程度的團隊轉變為一個頂尖的大學男子團隊。在我就任前，我得知多數的隊員都在「課業允許的狀況下」才去訓練，將訓練視為課業之外的休閒活動，一個禮拜兩、三次就夠了。我們在第一次見面時便將規格升級了，我宣布：「各位，從明天開始，一個禮拜訓練五次，每天三個小時。」

克雷格，史丹佛唯一一位傑出的全能選手（甚至可能入選加大校隊），舉起了

他的手，說我的新時間表不適合他，因為他的課業極為繁重。身為加州大學畢業生，我深知課業繁重的滋味，也深知訓練的必要。這是個關鍵時刻：我分享了自己對這個團隊的期許，以及自己在加大的經驗。「想要繼續待在這個新團隊的人都必須達到這個標準，」我說：「沒有例外。」於是，克雷格選擇退出。這在許多層面來看都是犧牲，但標準不容妥協。

留下來的人在第一個令人沮喪的賽季已盡了全力，我必須全部砍掉重練。為了吸引更多有經驗的體操選手前來史丹佛，我為《國際體操雜誌》（*International Gymnast Magazine*）撰寫了一篇文章，標題是〈體操的藝術〉，內容反映出我對禪、道家、東方哲學日益增長的興趣，強調訓練對一個人內在的利益，以及它與日常生活的關聯。

我已經培養出為體育選手的運動天賦增添助力的身體素質（而且可以教人）。現在，帶著我的新角色回到體育館，我納悶著：什麼是能為我們生活的天賦增添助力的心理素質與情緒素質呢？

這個問題引領著我產生進一步的洞察，讓我領會到訓練如何反映出日常生活，從而讓我改變了執教風格。

由於我不再待在體育館從事積極訓練，我便開始跑步，以保持良好體態，從八百公尺開始，然後再更遠一點，直到我可以跑八公里。每一次跑步我都疼痛不堪，因為我將自己逼到極限，一如既往。不過，有次一位體操學生問我，我是否願意和他連同幾個朋友一起跑步，他們放鬆的步調令我吃了一驚，我可以一邊聊天，而且竟然還很享受跑步！我回想起一次類似的發現，就是我第一次體驗到放鬆的高爾夫揮桿姿勢，然後看著那顆球飛得又高又遠的時候。

隔天，進入體育館時，我發現體操隊隊長布萊恩平躺在地上，將腿伸直往胸部拉，伸展他的大腿後肌。我經過時，聽到他在自言自語：「喔！我恨死它，痛死我了！」

我轉向布萊恩，問他：「誰這樣對待你啊？」他瞬間意會我的意思，我倆都笑了。

有許多風格較激烈的運動員最後都傷痛纏身、油盡燈枯，因此我建議團隊，將目標設在最大努力值的百分之八十就好。這可能導致他們必須花更多時間才能進步，但他們會保持健康，並以較為放鬆的方式享受整個過程。這個建議與信奉「沒有痛苦，就沒有收穫」的學派相反。有些時刻必須全力以赴，但是長時間下來，較放鬆的方式有其智慧，對身體、情緒與心理都有好處。

我對體操隊幾乎從早到晚的全心付出，使得我在婚姻上相對缺乏關注。我在史丹佛執教的那些年，這個落差讓我們夫妻倆甚至必須做婚姻諮商，好幾次嘗試分居，而這讓我心緒不寧。

然後，有一天，我那苦惱心靈的潛在解方，真的來敲我的門了。

門口的僧侶

一位禪修老師到學校的舊場館來找我，詢問我是否允許他在一大清早在體育館裡帶領一個修習禪坐的小團體，在地板的練習墊上禪修。我對他說非常歡迎，結果自己也加入他們。禪坐者喜歡稱它為「只管打坐」。我獲得了關於正確姿勢和觀照呼吸（有時是數息）的簡單指示。每當思想介入，我就將注意力放回吸氣……吐氣……

幾週的禪坐練習之後，我開車回到柏克萊，在那裡我開始加入「超覺靜坐」（Transendental Meditation，簡稱ＴＭ）的行列，這個方法是利用內在聲音（咒語）

作為注意力的對象，而不是呼吸。開場介紹後，老師對著我的耳朵低聲念出我的咒語，是一個梵文字。我收到指示一天要靜坐兩次，一次二十分鐘。第一次在柏克萊中心嘗試的靜坐非常深入，當銅鑼聲輕輕敲響，感覺似乎只經過了短短幾分鐘。我發現超覺靜坐是一種優美且不費力的修習方式。我一注意到思想出現在我的覺知場域，就立刻將注意力轉回到咒語上。

我嘗試體會這兩種靜坐方式，有時我會練習禪坐，有時則是練習超覺靜坐的咒語。這兩種方法都無法解決我在關係裡面臨的兩難困境，但它們都能讓我適度遠離自己騷動不安的思緒。起初我一天練習超覺靜坐兩次，按照指示一次二十分鐘，但幾個月過去後，我偶爾會變成一天一次，直到後來有其他事件、修練方式或情況出現才停止。

藉由早期的這些探索，我領會到禪坐的主要好處不在於讓頭腦安靜下來，而是讓身體安靜下來。然後，當身體變得深度安定，頭腦也會隨之安定。這些洞見都融入了我的執教和教學方式裡。

初學者的樂趣

打造一支強大的團隊佔據了我大半的精力與注意力，但我並未忽略自己的初級彈翻和體操課程教學。事實上，在某些方面，比起訓練體操隊，教導這些滿懷熱情的菜鳥是更令人享受的事。在賽季裡，團隊和我都會感受到無形的壓力，這是每個運動員或藝術家在準備一場表演時都會遭遇到的情況。但是混合了男女的初級班同學，只要有一點點進步或學到新的技巧便雀躍不已，這裡沒有外來的壓力，也沒有因為要達成一定成就而產生的身分認同或自我價值問題，只有學習的喜悅，那也是我試圖在體操隊裡重新喚起的感受。

教導初學者有助於磨煉我的教學技巧。我至今仍記得教第一堂課的那天，是以最簡單的技巧開始的，我示範了一次前滾翻：先蹲下，將手掌放在墊子上，然後將頭低下，伸展雙腿，再完成翻滾與站直的姿勢。我轉身面對同學，然後正想說「換你來試試」時，我看見同學們一臉疑惑和不確定的表情。其中一位問道：「嗯，但我要怎麼把屁股弄到我頭上？」

我發現可能必須把技巧分解成多個小動作。精通小部分動作之後，他們就能連貫起來，運用十年前我和朋友一起在彈翻床公司使用的累進方法。利用這種方式，我們在學期結束前打造了一套基本的彈翻床動作、地板運動，以及其他器械體操動作教學。

烏雲與光明

我申請到史丹佛大學教職員宿舍裡的一間公寓後，琳達也發展出自己的社交生活，這讓我減輕了許多負擔，這是我無法幫她辦到的一件事。在我第三年任教的春天，我們分居過一次，然後又一次。情緒的烏雲籠罩著我在大學的剩餘時間，我感到壓力重重，以致只要手上出現小小的倒拉刺或被紙張割傷，都會很快造成感染，這是身、心、靈密切互動的充分證據。

於此同時，我深深沉浸在自己的教練與教學工作裡。對於那些一遇到比賽便慌亂不知所措的隊員，我會在鍛練結束後召開會議，對他們說：「如果我要求你走過一根距離地面三十公分的平衡木，你會發現那很容易。但是假設我將同樣的平衡木橫放在兩棟二十五層樓高的建築物屋頂上，然後要你走過去。覺得這跟剛才一樣容易的人請舉手？」

沒有人舉手。

「差別在哪裡？」我問。

「如果你摔下來，會死掉。」其中一個同學回答。

「沒錯，但平衡木是一樣的，技巧也是一樣的。其中的挑戰存在於你的頭腦裡。」

我看見他們點頭，便繼續說：「許多人將練習看成矮平衡木，將比賽看成高平衡木。所以，從現在開始，每當你練習一套動作，請假裝它是高平衡木。而在**比賽時**，便想像它是矮平衡木。只要放鬆就好，努力尋求最佳表現。」

講完之後，一名隊員邀請我到他的宿舍，然後在唱機上播放一張張片。我接下來聽到的是前哈佛心理學教授亞爾波特在描述他蛻變為靈性老師與寫出經典靈性著作《活在當下》（*Be Here Now*）的心路歷程。和他那位成為迷幻藥領袖的朋友兼哈佛同事李瑞不同，亞爾波特拋下了迷幻藥，將生命獻給了他的大師（Guru）尼姆·卡洛里·巴巴（Neem Karoli Baba），大師給了他「拉姆·達斯」這個名字，並告訴他如何不利用化學物質也能獲得靈性成長。

一九七一年當時，還未成為天后的歐普拉（Oprah Winfrey）剛滿十七歲，正立定志向要主持廣播節目。十九歲的瑪莉安·威廉森（Marianne Williamson）還在盼望有更偉大的事發生。「心靈之王」迪帕克·喬布拉（Deepak Chopra）還是個實習醫生。「自我啟發之父」偉恩·戴爾（Wayne Dyer）仍是個實習中的心理學家，正計劃撰寫他的第一本書。史考特·派克（Scott Peck）仍在美國陸軍當精神科醫師。《奇蹟課程》（*A Course in Miracles*）尚未出版，「眼動身心重建法」（Eye Movement Desensitization and Reprocessing，簡稱EMDR）也尚未出現。第一堂「艾哈德研討訓練班」（EST）還只是維爾納·艾哈德（Werner Erhard）腦袋裡的一顆種子。那一年，我坐在我的小辦公室，翻閱一本美金一·六五元、巴蘭坦出版社發行，塞維林·皮特森（Severin Peterson）的新書《人類成長之道目錄》（*A Catalog of the Ways People Grow*，暫譯），我什麼事都想要知道。

這段時間裡，我剛好在《觀看》（*Look*）雜誌上讀到一篇文章，作者是個自稱「運動革命家」的人，傑克·史考特是位社會學與體育博士。這篇文章是進步思想與激進觀點的怪異混合，出於好奇心，我打了通電話給史考特先生，首先介紹自己，然後坦白和他分享我對該文章的看法。後來，我們碰面共進晚餐，接續之前的對話。我喜歡他對大學運動員抱持的看法，他也欣賞我的觀察角度。這場看似偶然的會面，很快就對我的未來產生了影響。

接下來幾個月，我早上和禪修團體一起打坐，然後幾乎每個晚上都閱讀相關書籍。我內心對新浮現的洞見充滿了分享的渴望，於是在大學部開了一個特別課程「生活的藝術」，反映了我對亞洲靈性教導，以及生命的大視野與展望的興趣日益加深。學生們似乎很喜歡這門相當不同的課程，內容充滿了東方觀點，而且用創意提案取代期末考。

重溫戰士之道

大約在這時，我重拾武術訓練，每個禮拜用好幾個晚上的時間練習合氣道，那是一門與我新興的價值觀和美學相呼應的流動藝術。我十分欣賞創始人植芝盛平將它命名為「寧靜的藝術」，及其本質以防守為主的弧形移動。合氣道就像是一種優雅生活的修練。

有天傍晚，我和老師羅伯特·那道烏（Robert Nadeau）一起練習，我問他合氣道是不是有效的防身術，他以一貫的粗啞嗓音回答我：「如果你想要防身，就去弄把槍吧。」接著他迅速閃過我的出拳，將我的身體重摔在地——我想，這已經清楚表明了他的答案。

即使我最終獲得了初段黑帶資格，我仍無法想像如何將那些平日訓練有素、和對手套招的技巧，運用在真實世界那種混亂失序、腎上腺素飆升的衝突裡。

儘管我現在已經了解武術和真實世界的防身術有何差別，但是要滿足我童年時代追求實用防身術的願望，卻是三十年以後的事了。

新的觀點

隨著我的世界觀逐漸拓展，我向體操隊介紹了我稱之為「禪體操」的概念，提醒他們訓練不只是為了贏得比賽，而是為了能掌控自己——體操是一種動態的靜心冥想，一種進入覺察、提升狀態的手段。（這在現在可能不是什麼激進的概念，但在一九七〇年代初期，這可是很前衛的。）我又補充道：「我不是要求你將整個生命奉獻給訓練，而是要求你將訓練獻給你的生命。不要以成功為目標，因為那不是你能控制的，只要以精益求精為目標，而那就是當下。」

我繼續分享自己的觀點，說明體操是一種表演藝術，只是被硬塞進競技運動的模子裡，讓評審將創造性的動作轉變為代表分數的數字，然後比較這些數字，看看誰最好。「以輕鬆的心情面對比賽，讓學校的體育室開心，但永遠不要將比賽或你自己看得太嚴肅。」

對抗賽時，南加大教練把我拉到一旁，以揶揄的口吻說：「丹，有個傳聞說你讓團隊在比賽前靜心冥想。」

「當然沒有，」我說。「我要他們在**比賽時**靜心冥想。」

強調放鬆、消除非贏不可的外在壓力，不僅讓團隊表現獲得了改善，也讓訓練的意義變得不同，它變成一條個人成長的道路，與他們在訓練之外、更廣泛的生活層面息息相關。

我們的團隊輕而易舉地獲得了比南加大更高的分數，這是有史以來頭一遭。（我無法完全忽略分數這部分，因為它們詳細刊載於《史丹佛日報》的體育版，這可以讓體育室很開心。）同年稍後，加大以些微之差勝過我們這個年輕團隊，贏得聯盟冠軍，但是那年春天，我們體操訓練課程吸引了數名潛力新秀，包括那位年紀比我小的朋友與奧運選手史蒂夫·哈格，他即將迎來他生涯中三次NCAA個人全能冠軍的第一座。

經過四年的努力，我們團隊已蓄勢待發，隨時準備大放異彩。

人生不一定公平

如果人生境遇只是奠基於功過，那會很容易預測，我們只要好好努力，把事情做好就好，但是幸運之神與大好時機可能衝著你來，也可能遠離你，而造成兩種截然不同的結果。賽季結束之後，體育室副主任喚我進去辦公室。我敲了門，心裡想，或許他想肯定我的努力和團隊的成就。

他開門見山，直接告知我下學年的新政策：「只有擁有碩士學位的體育教員能教課外課程」。我頓時錯愕不已，想到了這意味著什麼——首先，我原本就不多的薪水直接減半，再者，我不再有資格教任何我最熱愛的體操課。

「你可以從事校外的兼職工作，這沒問題。」他補充。

那年夏天，我正考慮著自己手上的選項時，命運之輪再次轉動了，我接到一通傑克·史考特的電話，他不只是我幾個月前認識的朋友，目前也是俄亥俄州歐柏林學院的體育室主管和體育系主任。他問我是否願意考慮加入他們，成為助理教授。這職位的薪資幾乎是我原本在史丹佛薪水的兩倍。我和琳達討論了這個工作機會，也參訪了歐柏林之後，我接受了這個職位。向來樂觀的我，不禁認為搬家和新環境或許能修復我倆的關係。

我寫了一封信給隊上每一位隊員，解釋我離開的原因，並讓他們知道，我會推薦一位優秀的新教練過來。我也表達了對他們的信心，相信他們在課業、訓練，以及生活的其他面向都能有優秀的表現。

第八章

教授生涯

在一個覺醒的社會，我們之中最優秀的將成為老師，其他人只能退而求其次。

——李．艾科卡（Lee Iacocca）

歐柏林是一所前衛的學校，它是美國第一所招收黑人學生的學校，也是第一所授予女性大學學位的學校。學校共兩千九百位學生分別就讀於文理學院和菁英等級的歐柏林音樂學院。這個小巧的大學城是一座被田野鄉村圍繞的知識與藝術綠洲，散發出迷人的中西部風情，特別是在秋天的時候，樹梢染成鮮亮的橘黃色，清新涼爽的微風吹來，總是夾雜著蘋果、南瓜和香料茶的味道。那是我第一次體驗到何謂四季分明。我在初次體驗的雪地裡盡情玩樂，張開雙臂，以舌尖品嚐雪花。

主街道將塔潘廣場圍繞在中央，這個廣場是一片綠意盎然的景觀公園，中央有縱橫交錯的步道連接起校園與小鎮，小鎮有一間戲院、一間超市與一間五金行。我有時會在植物園隨意走走，裡面有一座湖和野生動物保護區，附近有一座九洞的公立高爾夫球場。我最喜歡的一位同事是一九六八年奧運兩百公尺短跑金牌得主湯米·史密斯（Tommie Smith），他那張站在頒獎臺上（和約翰·卡洛斯〔John Carlos〕一起）低著頭，一隻手戴著手套高高舉起的照片，已經成為黑人權力與和平抗議的標誌性經典畫面。

「傑克主席」，我總是這麼稱呼史考特，因為他有著革命的政治傾向，而且總是頭戴一頂上面有顆紅色星星的貝雷帽（為了遮住他的禿頭），他是個前業餘拳擊手，仍保持一身精實體格，蓄著薄薄的鬍子。他很快批准了我所有的要求：供我的新課程使用的三張彈翻床，其中包括「歡樂運動課」，課程內容包括耍球雜技、翻騰、彈翻床、走鋼索。至於期末考呢，就是一場全班參與、獻給整個大學社區的馬戲團表演。我也指導男子與女子的跳板跳水，這兩個團隊後來也都贏下聯盟冠軍。

俄亥俄州的冬天雖然漫長，第一年感覺還是過的飛快。原本我和琳達住在學校的租屋，後來搬進了學校教職員宿舍公寓裡。我的職業生涯似乎很穩定，但我們疏離的關係卻讓生活蒙上一層陰影。琳達身處在一個令我感到排斥的保守世界裡，她很自在，而我卻無法解釋是什麼原因。我羨慕她的舒適，我看著鏡中兩人關係裡的自己，很不喜歡那個鏡中人。我曾經將自己視為穿著閃亮盔甲的騎士，而現在盔甲早已黯淡無光。即使我扮演著一個明智的大學教授角色，我依然覺得自己是個騙子。我們心自問：我甚至無法維持一段成熟的關係，我有什麼資格教別人？

琳達察覺了我的不滿，等到那條將我們綁住一起的線越來越撐不住而終至斷掉時，她找到了另一個人、一段更令人滿意的關係，而我們也決定再次分居。令我心碎的是，我們的女兒荷莉是看著父母逐漸疏遠的無辜者，總是艱難地熬過我們其中一方缺席的日子。

與此同時，我繼續在靈性的荒野裡遊蕩，跌跌撞撞地走向那道我幾乎看不清、卻總是在遠處閃爍的光。

PART 2

四位心靈導師

我們無法接收智慧；
我們必須經歷一段沒有人能代替我們，
或為我們免去的旅程之後，自己去發現它。

——馬塞爾·普魯斯特（Marcel Proust）

現在我已了解，每一個人都走在靈性追尋的路途上，但卻不是所有人都能覺察到這點。我們之中有誰不是在追求圓滿、意義，渴望理解自己在宇宙間的位置呢？我的追尋種子是在童年時期種下的，現在破土而出，進入有意識之覺察的陽光下，但尚未準備好開花結果。

印度聖人拉瑪克里希納（Ramakrishna）曾描述，試圖敲開一個仍青綠的胡桃殼有多麼困難，但要注意的是，一旦它成熟了，只消輕輕一敲就開了。年少時曾練習過的技巧，以及我所有的經驗，都是我成熟過程的一部分。我人生最初的三十年，幫助我準備好面對接下來發生的事。現在我已經準備好將自己丟進任何有希望的可能性之中，接下來的二十年間，我遇見了四位完全迥異的心靈導師，他們每一位都為我即將面臨的課題發揮了啟蒙作用。

第九章

教授

認識你自己。——刻在德爾菲阿波羅神廟上的銘文

我在歐柏林第二年的春天，在一次瀏覽教職員期刊時，注意到一則鼓勵跨文化研究的全球旅行經費補助訊息。我心中立刻有種篤定感：我注定要做這件事。我獲得了這筆補助金，再次有了一個新方向，雖然只有夏天短短三個月——這是和琳達另一次嘗試分居的機會，也是給我一個在世界各地體驗不同文化的機會，特別是亞洲，我可以研究身心的學問，藉此重新找回更真實的自己。

聯絡了幾位我打算要訪問的人，並納入我計劃行程的一部分之後，我啟程西行

來到加州，作為這趟「東方之旅」的起點。在旅館安頓好之後，我和琳達短暫交談了一會兒，向荷莉道了晚安，然後出於一股衝動，我打了通電話給赫柏，就是我的前加大隊友，我在體驗迷幻藥前曾諮詢過的人。赫伯的聲音充滿熱情與威信，敘述著他最近在紐約完成的一次「充滿驚奇、改變生命的訓練營」，並告訴我下一梯次的「阿里卡（Arica）四十天訓練營」三天後就要在舊金山開始了，他建議我：「拋下一切，投入訓練。」

四十天？我想，有何不可？多年來，我已經嘗試過各式各樣的方法來自我提升，也在運動與教練生涯方面享受過成功體驗，但這種滿足感從未能持續太久。我開始對西方透過成就獲得快樂的方式感到懷疑，決定轉向東方講求內省與內在工作的方式，這種方式能帶來自我認識、洞察，甚至是一種超越頭腦的方式。如果我要成為一個追尋者，不妨就直攻山頂吧，我想。於是，一九七三年六月，我出現在舊金山，在市場街一個鋪了綠色地毯的房間，與另外十七位靈性追尋者聚在一起。

不平凡的學校

我在圍成一個大圓圈的蒲團裡挑了一個坐下，沒人選擇坐我兩邊的位置，我的同班同學也都避免和我眼神接觸。這倒不意外，因為我的耳朵腫脹得厲害，大得可笑，眼睛瞇得快要閉上，我的臉和平頭底下的頭皮有深淺不一的粉紅色斑塊，我全身癢得要命。

幾天前，我和幾個朋友到海邊露營，黃昏後，我幫忙收集生火用的小樹枝，沒警覺到自己兩手抱的是毒槲（我自己也不想坐在我旁邊）。

然而工作開始後，我很快忘了其他一切。接下來的幾天，隨著我的紅疹子漸漸消失，我發現自己十分融入，甚至深受震撼，因為這裡的修習方式與觀點和我過去體驗的都不一樣。阿里卡的理論與洞見混合了動作與呼吸練習，包括一種新形式的身心操練術，可以打開全身的主要關節和能量中心。我從醒來的那一刻，一直到晚上睡前閉上眼睛，一天連續十到十四個小時，不間斷地練習咒語、靜心冥想，以及各種挑戰性十足的修練。

我們的阿里卡訓練師打扮得相當整潔清爽、頗富魅力，呈現中性風格，男性的鬍鬚刮得乾乾淨淨，女性則頭髮相對較短——無論如何，他們都友善但保持距離。他們每一位都是阿里卡學校的創辦人親自訓練的，他的名字是奧斯卡·伊察索（Oscar Ichazo）。

每一位訓練師的職責是傳達資訊和指示，大聲朗讀阿里卡手冊，並回答相關問題（因為他們對訓練內容更有經驗）。他們也會參與其中一些小組討論，協助我們步上軌道。除此之外，他們都隱身幕後。

起源故事

奧斯卡在他父親位於玻利維亞的莊園裡長大，童年時，他反覆出現了全身動彈不得的出體經驗和死亡徵兆，讓他深感苦惱。為了了解這種神祕的怪病，他閱讀了大量的解剖學、生理學、醫學和心理學書籍，成為了神童。後來他繼承了叔叔的圖書館，裡面收藏了將近六百本哲學與超自然科學的書籍，其中包括一套五十卷的《東方聖書》（*The Sacred Books of the East*），他求知若渴地閱讀，激起他學習這些傳統修練法的欲望。

奧斯卡的追尋引領他找到了附近原住民族的民間治療師（curandero）[1]與其他薩滿（巫醫），這些藥草治療師教他如何使用藥用植物，以及使用死藤水（ayahuasca）的正確方法，這是一種用亞馬遜的植物和蔓藤熬煮的飲料。隨著環境的變遷，奧斯卡又跟隨了大原健太郎老師，接受了密集的傳統武士道訓練。

後來他受邀至布宜諾斯艾利斯，經人介紹認識了當地一群高階的靈性修行者——包括蘇菲教派的長老和平靜之心，以及卡巴拉（Kabbalah）、煉金術與禪宗等老師。這些長者之所以彼此認識，是為了分享自身文化的靈性理論、儀式與修練方法。他們發現奧斯卡是個資質聰慧的學生，於是指派不同的修練法給他，請他報告自己的體驗。他的報告讓他們獲得許多（他自己也是）資訊，知道哪種修練或怎麼結合是最有效的。經過三年的昆達里尼（kundalini）修練，奧斯卡終於擺脫了自童年以來一直困擾他的未知現象。

後來，奧斯卡創辦了他所謂的「新傳統的根基」——一個符合現代科學觀點的綜合型神祕學派，他根據自己教學所在的智利城市，將這個學校命名為「阿里卡」。他的覺醒方法根據的是精確的參數，目標是所有神祕主義者的首要目標：「合一」。

一九七〇年代，位於加州大索爾峭壁上、人類潛能運動（HPM）中心的伊莎蘭學院（Esalen Institute）收到一個簡短而神祕的訊息。便條上寫著：一個傻瓜，滿懷愛意地在沙漠裡等待。這片沙漠就是比鄰著阿里卡這座城市的阿他加馬沙漠。而這張便條的署名是奧斯卡·伊察索，他就是我將稱呼為「教授」的大師級導師。

不久之後，大約五十名伊莎蘭工作坊的資深學員和受過認證的專業人員，包括內科醫師約翰·里利（John Lily）、精神科醫師克勞迪歐·納朗荷（Claudio Naranjo）等，決心以為期十個月的旅行到智利追隨教授學習，體驗他那套按部就班的開悟過程。他們抵達之後，奧斯卡告訴他們：「我絕對尊敬宗教信仰的力量，但依賴受尊崇的權威與無可質疑的信念已經無法滿足現代人類不斷進化的需求。」這和愛因斯坦曾提出的一個概念很類似：我們無法在製造問題的層次上解決問題。教授的目標是將人類的覺察提升至更高層次，那樣才能解決人類新出現的問題。

在經過十個月密集研究阿里卡理論與實踐之後，教授與他的核心老師團隊便遷居到了美國，一場運動於焉展開，一如其他許多事件，它選擇紐約作為起點。當核

---

1 中南美洲的傳統醫學治療師，醫治範圍包括精神治療。

心成員問他為何做此決定，因為他們預期教授的公開教學會在伊莎蘭開始，教授回答：「如果你能在紐約開悟，你就能在任何地方開悟。」

舊金山也成立了一座阿里卡訓練中心，這帶我回到了在教授學校的學習體驗。

原創教誨

早期接受阿里卡訓練的時候，男性會被要求剃掉臉上的鬍鬚，女性（以及一些男子）則需將長髮綁在腦後。訓練師會拿著我們之前寄給教授的照片，讓教授分析每張臉上由緊張造成、與大腦的神經迴路有關的不對稱現象。這種分析能幫助教授指出學生的「自我固著」（ego-fixation），這是一個人如何無意識地與世界聯繫的九種類型裡的其中一種。

臉部緊張能揭露出我（或任何人）的無意識策略這樣的概念，對我來說是個耳目一新的經驗。九種固著是透過一個圓圈內九角星的每個尖端來描繪的——這個九角星符號之前曾被如葛吉夫（George Gurdjieff）等神祕學家使用過。奧斯卡・伊察索是第一個為了認識自我而以這種方式分析自我結構的人。奧斯卡的開創性理論後來在海倫·帕爾默（Helen Palmer）和其他以心理固著為主要人格類型的「九型人格學」（eneagram）作家的改寫與發揚下，逐漸廣受歡迎。

除了教授的心理結構地圖之外，我也積極學習、深思、討論並實際修練一種「以整個身體來思考」的新方法，讓每一個器官回答一個重要問題，例如「我需要什麼？」、「我的能力是什麼？」或「（這）能消除嗎？」這個練習後來啟發了我寫作中的「身體智慧」概念。如同我們的訓練師朗讀阿里卡手冊時所說的：「身體是個投影機，而心智是螢幕。」——就我看來，這是從教授的武士道訓練裡汲取的洞見，因為在戰鬥的當下沒有時間反芻思考，身體必須憑藉直覺，當機立斷做出本能反應。

儘管有這些認知地圖與模型，教授的研究成果仍是建立在他對人體神經解剖學的通盤理解上。我在大多數的訓練時間裡，都以身體練習為基礎，試圖喚醒所有的器官系統。

我的訓練與過程

我在阿里卡接受訓練期間，接觸了三十多種特定的靜心冥想方式與呼吸練習，也學習到擴展我心靈覺察的許多地圖，這些資訊搞得我暈頭轉向。

有一份地圖的內容是關於我們用來發洩生活壓力的九種無意識習慣，包括酒精（以及其他如菸草與麻醉劑等藥物），心身症、過動、犯罪、心理恐慌、精神官能症（或極端案例的精神病）、暴飲暴食、殘酷，以及強迫性的性發洩。我們在課堂上每天會花一個小時進行小組討論，探討我們每個人會在何時、何地利用這些「出口」，可能其中一、兩個或更多。

教授曾明白表示，性、暴飲暴食與過動，都能有意識地在一種較不那麼極端或不那麼異常的情況下使用。他以一個例子補充說明：「吃一塊餅乾總比頭痛欲裂好。」

說到吃，我們在訓練期間的飲食建議是高蛋白、低碳水的飲食，偏重魚類甚於紅肉。由於我不吃肉也不吃魚，便以蛋、生堅果、豆類與奶類作為蛋白質來源，再加上一些沙拉和新鮮水果。

內在地圖與修練

阿里卡有一份重要的地圖講的是意識的揚升階段，起點的最低等級，或說「盲信」，是「開悟的相反」，特徵是根植的恐懼（通常會透過虛張聲勢來掩飾），明顯跡象是緊繃的陽剛氣息、受壓抑的暴力，並且全然認同於一種與現實脫節的信念。訓練師解釋：「根據奧斯卡的說法，人類有很大一部分的人都在這個層級掙扎。」當時我難以相信這樣的說法，但是數十年後，我看見數百萬人依然執著於天馬行空的信念與陰謀論。

根據訓練師所說，下一個層級是「社會教條」，典型的例子是被拘禁在依循常規、約定成俗之現實中的個人，他們跟隨的是當前流行的思考方式、品味或社會共識，顧慮的是何者「適當」。

第三個層級是由某些名人、運動員、政治家、搖滾歌手與犯罪者所體現的狀態，他們的行為是以一個自我膨脹的概念為中心，認為自己很特殊、最優越，能夠凌駕法律或社會規範。

「提升到更高層級的狀態是可能的，」訓練師說，「只要能識破當前的層級就行。」因此，一個人必須踏出盲信、受制於社會教條與自我膨脹的層級，不再緊緊抓住自己對所有事物建構的心理理論。

下一個層級是以幻相破滅後的暗夜為主，各種理論不再足以應付，我們面對了自己正在昏睡這個事實——這個領悟開啟了通往六個更高意識層級的道路，而這條路的頂點是一種我多年前曾在短暫的迷幻藥體驗裡瞥見過的合一狀態。

於是，我踏上了一條與我過去的學術訓練或任何身體訓練截然不同的學習之路。我們藉由密集的小組探討消化了阿里卡地圖，這為我們帶來打破幻相的深刻自我認識（打破幻相的意義是從幻相、偽裝與自我形象中解脫）。我必須面對的事實是：我依然在昏睡中，還在尋找一個覺醒的方法，這就是帶領我來到阿里卡訓練並鞭策我一路前進的原因。

阿里卡提供了這個疆域的地圖，但我卻必須自己完成這趟旅程與工作——方法是透過密集的自我檢視，藉由小組探討加速這個過程，並以呼吸練習與靜心冥想來支持這項工作。在其中一項練習裡，我與一名夥伴面對面坐著，注視彼此的眼睛整整五分鐘，然後再換下一位夥伴。這項練習的重點非關個人，而是為了超越個人，讓我們每個人在人類心靈的層面上相互連結。

在進行難度較高的心理內省（陰影）工作之後，為了輕鬆一下，我們也會進行各種 JERFs 活動，這個單詞是由喜悅（Joy）、能量（Energy）、放鬆（Relaxation）與樂趣（Fun）的第一個字母組成，活動包括非洲舞、靈性團體唱誦、戲劇遊戲，以及經常讓我們笑到全身沒力的團康練習。

在另一種靜心冥想裡，我臉朝上平躺，手指緊扣放在後腦勺，拇指按住耳朵。在接下來出現的寂靜中，我變得逐漸覺察到自己更深層的內在聲音，然後我再將呼吸練習與幾個促使內在產生熱能的慢動作結合在一起。我們的訓練師在朗讀手冊時，簡單明瞭地說明了深沉、緩慢的呼吸帶來的種種好處，包括「降低心率、降低血壓、刺激迷走神經，這些能減輕『戰或逃』的反應、焦慮與緊張。」

另一個呼吸練習的內容是緩慢地吸氣、吐氣，並藉由作曲家拉威爾的《波麗露》（*Boléro*）緩緩升高再下降的副歌段落來計時。這個練習為我進行打開脊椎通道的昆達里尼做足了準備：我想像一條蛇，頭部發光，咬住自己的尾巴形成一個圓，隨著我的每一次吸氣慢慢沿著我的脊椎往上攀爬——這時我聽到並感覺到很細微的爆裂聲，接著，發光的蛇頭通過我的頸椎骨之後，彎曲往下視丘和松果體前進，蛇頭隨著吐氣往下降，穿過前腦、軟顎、喉嚨、心臟與橫膈膜，在會陰暫停，然後再次沿著脊椎往上爬。我們接獲指示，按照自己的步調呼吸就好，但對我來說，一次完整的吸氣、吐氣循環大概要一分鐘，也就是一小時的流程會包含大約六十次的呼吸。我的額頭滲出汗珠，我能理解為何這個練習會是名為「火週」訓練階段的一部分了。

這套交錯著各式各樣靜心冥想、咒語、默想、觀想與呼吸練習的訓練，根據我筆記上的記載，「就像在一輛超速的車上蒙著眼睛學溜冰……或一層又一層地挖開沉積物，尋找那個主礦脈。」

一副更年輕的身體

一個禮拜六早晨，在一棟舊金山維多利亞風格的老屋子裡，我坐在一票幾乎全裸的人群當中，兩位訓練師按部就班地教我們如何進行持續七個小時、奧斯卡稱之為「初瓦卡」（Chua K'a）的骨雕按摩，這種技巧源自於蒙古勇士的一種清理儀式，目的是用來釋放恐懼造成的習慣性緊張。「在這種身體工作裡，」其中一位訓練師說，「身體的每一個部分都和不同的恐懼有關。」舉例來說，單是處理腳這個部分，就要花上幾乎整整一個小時，而那裡儲存的是「害怕做自己的恐懼」。

「為何腳與這種特定恐懼有關？」我問。

「腳是整個身體的體現，」她回答道。「而且那裡的緊張會妨礙與大地的有意識連結。」按摩的目的是消除每一塊骨頭表面的腫塊，或者他們稱之為「恐懼的小球」，首先用我們的雙手，然後用一種名為「卡」（ka）的木製工具來挖得更深入。

依照教授的說法，有一位訓練師向我們解釋說，這種自我按摩是「對你自身的進化負起直接責任」的方法。就某種意義而言，這種「初瓦卡」程序反映出整個訓練的精髓，示範了如何在心理、物理層面下工夫，以便為覺醒做好身心的準備工作，類似於我們為了迎接一位特別的客人，而先將房子打掃、整理乾淨。

做完這個程序之後，我的身體感覺起來就像一個小孩子般放鬆、柔軟！接下來的幾個月，我又重複做了好幾次這種自我按摩，以累積其效果。我必須提醒自己，這種骨雕按摩法的目的不是為了「放下恐懼」，而是為了釋放我多年來累積、由恐懼造成的習慣性緊張。

感官的重生

阿里卡訓練即將結束之際，我依照指示，在柏克萊青年會找了一個空房間度過週末。除了床墊以外，我將房間裡的家具全部搬空，把床單掛上窗戶遮住光線，也遮住令人分心的風景。我帶了剛好足夠讓我存活的食物，還有一壺約三．八公升的水。任何書籍或轉移注意力的形式都是不允許的。如果要去洗手間，我被告知要半閉著眼睛，盡量避免和其他人互動。

我在禮拜五傍晚入住該房間，禮拜一早上離開。在那個漫長的週末，我發現獨處既平靜又無聊，有時還會令人抓狂。我時而坐著，時而踱步，要不就再坐一會兒。除了簡單的伸展，我不能做任何運動、靜心冥想，或自慰——只有我，以及我所謂的頭腦，陪我度過漫漫長日。

禮拜一早上，我踏出房門走到陽光下，對迎面而來的感官盛宴震驚不已：天空深邃的藍、吵雜交通與吉他音樂交融的聲響，歡笑聲交雜著對話聲……我摘下一片葉子，聞著它的香氣，像個孩子般以最清新的感官雀躍地迎接這個世界。

這讓我想到嬰兒存在於一個感官的伊甸園，每一樣事物都是新奇的。我們的墮落始於各種名稱與概念模糊了直接的感知時，我們開始透過一道聯想、信念與詮釋的簾幕來看世界——那些充其量不過是對事物的記憶罷了，並非事物本質。或許，我想，我無法透過尋求「更多」而獲得滿足，而是必須培養欣賞「更少」的能力。

一個小時之後，我回到舊金山那間我再熟悉不過、鋪著地毯的房間，我們用一場夜間慶祝會結束了阿里卡訓練的最後一天，同學們紛紛對我們的訓練師與奧斯卡·伊察索致上感激之意，他就是我透過這所非凡的學校所遇見的「教授」。

環遊世界：追尋與考察

阿里卡訓練之後，我覺得自己就像個宇宙公民。帶著對自己與對人類處境滿滿的全新理解，我終於踏上我的海外旅途。我的泛美航空彈性日期機票，讓我可以飛往全球幾乎任何有他們航班的主要城市，而不需要事先預定航班。我的行程包括加州，接著是夏威夷、日本、沖繩、香港、印度、希臘，在葡萄牙海岸短暫過夜，再飛到紐約，然後再返回俄亥俄州。除了出發前有先與幾個關鍵人物聯繫，我的行程和計劃保持彈性、非常開放。

我輕裝上路，背著一個小背包，從舊金山飛到洛杉磯。與荷莉講了一通令人揪心的電話，並短暫探望父母之後，我加入當地一個合氣道道館的練習，包括融合、流動、護身倒法等。

之後，我拜訪了道夫索拉，也就是我曾經的沖繩「手」武術老師，他幫助我重新複習了高中時學過的一〇八式「落葉式」。

在加州藝術學院，我訪問太極拳大師馬歇爾·胡（Marshall Ho'o），向他學習了「宇宙式」的動作，這是一個以站姿進行的能量靜心法，我後來也傳授給我在歐柏林的學生。這堂課之後，在我這段旅程中出現的諸多共時性之一，就是遇見了寫出巫師唐望系列的卡羅斯·卡斯塔尼達（Carlos Castaneda）。由於我讀過他的前兩本書，覺得十分有意思，因此那天下午我參加了他在加州藝術學院舉辦的小型座談會。雖然他堅持自己寫的是「真實記述」，我仍抱持懷疑態度。但無論是否真實，他喚起讀者情感的寫作方式確實吸引了一票忠實讀者。

我駕車北上，順道拜訪了伊莎蘭學院，在那裡參加了一場探討弗里茨·波爾斯（Fritz Perls）「完形心理學」的研討會，然後又參加了一場為期兩天的開悟密集班，主題是專注於類似公案的參話頭，例如從「告訴我你是誰？」開始，而這最終能創造出一段持續數小時的頓悟（無念）狀態。有一陣子，感覺就像是我又回到了阿里卡的訓練時光。

飛機降落在夏威夷的歐胡島不久後，我便與莉莉·肖博士（Dr. Lily Siou）見面，她是中國六藝氣功學院的負責人。氣功是融合了呼吸、專注力，以及配合中國五行理論的緩慢動作，能打通「氣」所流經的經絡。我也和幾個朋友在威基基特技團度過了幾小時的歡樂時光，在動物園和海灘間的翠綠草坪上倒立、騰翻，享受夾帶著小黃花香甜氣息的海風吹拂。

離開那天的日出時分，我來到一座高中體育館參加了首屈一指的合氣道大師藤平光一（Koichi Tohei）的研討會，他透過我早期學習合氣道也學過的「不折的手」技法，向人們示範了「氣」（又稱為普拉那〔prana〕）的力量，這項技法顯示出一隻相對放鬆的手臂如何能在對手施壓彎折它的同時，輕鬆保持伸直的姿勢。藤平光一老師以前患有氣喘，後來他發展出驚人的呼吸控制技巧。他示範時先深深吸一口氣，然後對著麥克風吐氣持續整整一分鐘，最後將剩餘氣息吐出同時大聲喊叫（稱為「氣合」〔kiai〕）——一個在我前往日本前的完美送別。

我在成田機場落地之後，由於環境與時區的改變，讓我有一場如夢般的體驗：

一位善心的日本長者離開他的列車，只為了告訴我如何抵達東京新宿車站附近的一間小青年旅館……一個溫暖的夜晚，穿著和服的女士對我鞠躬，然後指引我脫下涼鞋洗腳，並為我遞上一條小毛巾，以及一雙室內拖鞋……我進入一座大廳，與名為比爾·湯瑪斯的美籍武術老師見面，他身材壯碩結實，自告奮勇當我的導遊。

在京都時，我們進行了一趟通宵富士山朝聖之旅，只為了在山頂看日出。持續七小時的上坡健行之後，我們在火山熔岩覆蓋、佈滿沙礫的下坡路段進行一趟愉快的短跑，雖然過程中我的球鞋幾乎被削爛了。

在那個炎熱的夏天，我在旅程剩下的時間裡都穿著木屐，還帶著一根富士山的健行手杖。木屐雖然外表怪異，但我發現它穿起來十分舒適，而允許帶上飛機的手杖則能鼓勵我以平靜、穩重的步伐來行走。經過阿里卡訓練之後（算是我個人版本的「少林寺修練」），我感覺自己就像是影集《功夫》（*Kung Fu*）的主角虔官昌（Kwai Chang Caine），一個獨自踏上追尋之旅的人。

隔天，比爾和我造訪了講道館，那是一座柔道中心，所謂的「本部道場」，是合氣道與日本空手道協會的世界總本部。我在搭機前往沖繩前趕來這裡觀摩了一場訓練。

我在沖繩度過了安靜且令人難忘的一夜：那天深夜，我找到一間沒有上鎖的空手道館，脫鞋練了一段「落葉式」，然後打坐了一會兒。然後我回到小機場，在二樓的洗手間梳洗一番後，從俯瞰一座水泥平臺的窗戶溜出去，在平臺上鋪好床，在星空下進入夢鄉。

黎明時刻，將前一晚的汗水洗淨後，我搭上了前往香港的班機。在香港，我在一間用嘎嘎作響的吊扇當成空調的破爛旅館度過了兩個悶熱的夜晚。隔天早晨，我在搭乘前往印度加爾各答的班機前，在日出時分的公園和中國老人們練習太極拳。

前往加爾各答的班機於傍晚抵達，我沒有事先預定旅館，所以只能請計程車司機幫我找到一間青年旅社，結果住進一間家徒四壁的房間，比大型衣帽間還小。我好不容易才睡著，但是那張凸起、簡陋的草蓆床墊下的老鼠奔竄聲，仍時不時讓我驚醒。隔天早晨，一股混合著汗水、牛糞與各種香料的氣味朝我襲來，我決定前往露天市場探索一番，買了幾張明信片、一個給琳達的紀念品，還有一件給荷莉的小飾物。

清奈是一座位於南印度的城市，離朋迪治理市與已故的斯瑞．奧魯賓多（Sri Aurobindo）創辦的修道院不遠。奧魯賓多是一位橫跨詩文、政治活動與整體瑜伽領域的多才多藝之士。就在他的烏托邦城市「曙光之城」（Auroville）外，我和忙碌的修道院經理諾曼·道塞特碰了面，他解釋說因為當天稍晚要舉行一場大型慶典，因此他們找不到人可以帶我參觀。離開之際，我注意到玻璃下壓著幾張照片，其中一張是有個體操選手在單槓上擺盪。我提到自己有一些體操經驗時，道賽特先生告訴我，他們的體操教練生病了，問我是否願意為村裡的孩子們示範單槓動作。在我做完一套單槓動作後，孩子們似乎很開心，我也順勢獲得了一次「曙光之城」的導覽行程。

在孟買，我拜訪了「瑜珈大師」約根德拉（Shri Yogendra），一位蓄著白鬍子的瑜伽士，當他準備提出某個觀點時，總是會對著出席的人揮動手指。他也是「科學瑜伽學院」（Scientific Yoga Institute）的領袖，經常以瑜伽藝術與科學的許多層次為主題去談論。

在希臘雅典短暫停留期間，我特地在返家的班機起飛前，在遊客圍繞的帕德嫩神廟與古老哲學家進行心靈的交融。之後，我轉道葡萄牙的卡斯凱什停留了一夜，便直接搭乘橫跨大西洋的航班前往紐約。

我在這趟長途飛行期間昏昏沉沉地睡著，腦海中浮現出一連串的回憶畫面，猶如漫步在雲端的白日夢：熱礦泉浴、拍打著大索爾峭壁的海浪形成的海沫、晨曦中海鷗咕咕的叫聲……在朋友的船屋吃義大利餃子，看著彩虹煙火在威基基海灘上空綻放……在三千六百公尺的高空呼吸著寒冷空氣，從富士山頂欣賞的粉紅色日出……看著日本孩童把玩十二公分長的寵物蟲蟲……在日式溫泉裡被擦洗得乾乾淨淨……在一個石頭庭園遼闊的寂靜之中，用手指劃過日式池塘旁的青苔。各處的人們都過著他們的日子，或者工作討生活，或者和我一樣，也在尋找人生的意義與目的，以及愛與了解。

回顧這一切，我的世界之旅充其量只是我在阿里卡訓練營體驗到的蛻變的後記。我飛越整個地球，尋找神祕的東方，卻發現東方正在遠方拜訪舊金山。

回家

琳達與荷莉在俄亥俄州為我接機，荷莉朝我奔來，歡天喜地大聲尖叫，緊緊抱住我，而我和琳達的擁抱雖然溫暖，卻不親密，就像是擁抱老朋友那樣。現在情況已經很明顯，時間與經歷將我們推往了不同的方向。據我了解，我不在的時候，琳達並不孤單（也並非一人）。

阿里卡訓練與真實世界的現實生活這兩者之間的明顯鴻溝強烈衝擊著我。經過各種密集訓練之後，我的呼吸控制與專注力都有所進步，身體也覺得較為開放，但其他幾乎沒什麼改變。所有那些靜心冥想和其他修練，對我的日常生活來說，並不比做吊環十字支撐動作或轉體空翻來得更有幫助。我的自我覺察稍微增強了，但依然會自我耽溺；我可以更客觀地觀察自己，但依然為失敗的婚姻感到苦惱。至少我現在願意面對現實，承認我們的婚姻有名無實，我們只是尚未找到一個離婚的理由或動力。

喜悅的感受

一九七三年的秋天，一件重要而美好的小小契機突然出現了。我遇見了一位名叫喬伊斯（Joyce）的女子，當時她正要度過在歐柏林學院的最後一年。那年我二十七歲，她二十一歲。喬伊斯敲了我們公寓的門，要來幫琳達做些燙衣服的工作時，一道魔法也隨她進入了屋子，讓這個世界、這個當下，瞬間變得不再平凡。她一頭黑色短髮，瀏海下有一雙深色大眼珠與燦爛的微笑。

我當時在聽卡特·史蒂文斯（Cat Stevens）的新唱片，所以我在她工作的時候借給她一副耳機。那天傍晚，我們只有簡短的交談，但她就像多年前那個加油站的老技師，讓我留下了深刻的印象。當時我完全不知道她會在我生命中扮演什麼樣的角色，只是有一種似曾相識的感覺，似乎我們曾經見過。這使我想起吉他演奏大師安德烈斯·塞戈維亞（Andrés Segovia）曾說過的，當他第一次拿起吉他開始彈奏時，「感覺不像是在學習，而像是憶起。」

這時，琳達和我實際上已經過著分居生活，我們各自有著自己感興趣的事物、價值觀與朋友，為人父母是我們唯一的共同之處。我們為了荷莉，也為了方便，所以仍住在一起。

由於喬伊斯住在宿舍，我有時會跟她在宿舍大廳碰面，有一次是在校園裡的咖啡廳，因為她一天會在那裡打工幾個小時。我跟她聊了一些阿里卡四十天訓練營的事。我明白光用說的還不夠，於是問她是否願意試試一種凝視對方雙眼的靜心冥想練習——從一個已婚男人來說，這樣的提議充滿挑逗意味，但我當下的動機其實是出於好意。喬伊斯似乎對我的阿里卡訓練經歷和這個靜心冥想產生興趣，或許也對我有一點興趣吧。

下課後的時間，我們在植物園閒晃，穿過小高爾夫球場時，喬伊斯告訴我一個她出生那天的故事：她母親告訴護士她的名字是喬伊（Joy）[2]，護士卻聽錯，在出生證明寫上了喬伊斯。她母親那個世代的人，深信必須遵照寫在法律文件上的內容，因此這個名字就保留下來了。喬伊斯透露，她其實一直更喜歡媽媽當初為她取的名字。因此從那時起，她就變成喬伊了。

那年的一月，歐柏林的學生可以在校園或其他地方自由選擇一個領域進行獨立研究。我建議喬伊可以考慮將於一九七四年元旦後在亞特蘭大舉辦的阿里卡訓練營。研究過一些資料後，她決定報名參加。

喬伊的回憶

我記得自己和丹的相遇是這樣的：他的太太琳達僱用我幫忙照顧小孩，兼做一些燙衣服的工作。和許多大學生一樣，我需要賺錢，而她付給我燙衣服的錢很多——一小時十五美元！我在燙丹的運動衣時（誰會燙運動衣？！），還沒看見他的人，他的聲音就先傳來了。他好像說了句：「你工作的時候，可以聽聽這音樂。」然後便塞了一個耳機給我。我記得自己滿喜歡那音樂，但是對自己的感覺頗為困惑——我比較想聽丹的聲音更甚於音樂。

幾個禮拜之後，我記得自己坐在宿舍裡，望著窗外想著丹。那感覺彷彿我們彼此早已熟識。我還記得我對自己大聲說：「我好像已經認識他二十年了。」（這太荒謬，因為當時我根本才二十一歲）。

由於我的宿舍就在丹與琳達居住的公寓對面，所以我們經常會碰到彼此。當時我對琳達的了解比和丹更熟，荷莉和我從一開始就建立了很好的關係。

我一時興起，報名了丹的初級體操課。丹的課和其他我在歐柏林

2 也是「喜悅」的意思。

上過的體育課不同，他會將每一個技巧拆解成幾個簡易部分，而且清楚解釋了每一個步驟。那個學期末，我在校園裡對一個朋友說：「這個人什麼東西都能教。」

我們有時會在下課後聊天，他會告訴我關於阿里卡四十天訓練營的事。當時我覺得自己迷失了方向，我是個已經換過好幾次主修科目的大四生，我決定去參加阿里卡訓練營，這表示我會在為期四週的寒假剛開始放時便前往亞特蘭大，然後在我最後一學期開課兩週後，才回到歐柏林。我提出計劃案後，註冊組批准我缺席兩週，甚至給我十個大學課程學分。

進階訓練

喬伊在寒假前往阿里卡訓練營的時候，我也飛到紐約參加為期兩週的進階訓練，這次的訓練專門設計來「進一步澄清意識以至照見的境界」，也會進一步培訓任何有興趣在全美或國外開設的阿里卡中心擔任阿里卡訓練師的人。

我對了解自己和他人的渴望，早在我青少年時期試圖理解為何我姐姐的行為舉止會如此變幻莫測（並衍生至其他人）就顯露出跡象。那股迫切想理解的渴望，促使我選擇主修心理學，但多數的大學課程仍無法滿足我，直到現在我才找到了自己尋尋覓覓多年的清晰解釋。

如果阿里卡的四十天訓練是掙脫地球引力、突破天際的火箭發射階段的第一階段，那麼第二階段便是將我和其他大約兩百名「阿里卡人」（我們現在這麼稱呼自己）一起用力彈射到了內在的太空之中。

教授的進階訓練重點是「意識的九個領域」：感情、生命與安全、創造力、智識、社會性、工作、階級、行為與道德，以及靈性領域。我和同學會在曼哈頓閒逛，辨識出我們自己置身的每一個領域，例如寵物店（感情）、珠寶店（階級）、書店與圖書館（智識）、酒吧與咖啡廳（社會性、生命與安全）、警察局（生命與安全、行為與道德）。更重要的是，這項工作清楚闡明了人類的心理狀態，因為思想、意見與評斷皆包含在這九個領域之中。

這項訓練接著會揭露出每個領域的兩極性格。例如在情感領域裡，每個人的心理世界既包含了一種較嚴格的性格，也包含了較柔軟、較感情用事的一面。而在行為與道德領域裡，我們既擁有快樂主義、自我耽溺的一面（就某種意義而言是被它們控制），在另一個極端也擁有清教徒式道德拘謹、自我否認的一面。這些相反的性格製造出一個人的內在矛盾，好比諺語裡所形容的，一邊的肩膀站著惡魔，另一邊的肩膀站著天使。我看見自己可能行為表現出一種性格，內在卻感受到另一種性格——例如行為表現出快樂主義傾向，內在的清教徒卻在批評我的自我耽溺。

我也透過夥伴戲劇練習而得知並接受所有這些性格，找到了清晰與平衡的視野，而不至於落入無意識地發洩這一面性格，內在卻糾結於另一面性格的情況。這項訓練在澄清意識方面就像靜心冥想一樣，為我們拉開一個距離來看待各種性格，好讓我能夠不過度認同性格的任何一面，而是將人生視為一個劇場，也比較不會執著地認定某個性格先天就是真確的或優越的。於是我變得能帶著幽默感或慈悲心來看待我或他人內在的每一種性格，換言之，我不再那麼嚴肅地看待自己，也不再對令人惱怒的行為表現和性格妄下論斷。

我也學到，我看待自己的方式可能和別人看待我的方式大相徑庭。我在這場進階訓練裡有兩百個同學，我以為自己是無名氏，近乎隱形人，但顯然我錯了。幾個月之後我才知道，有幾位訓練師因為我嚴肅、刻苦的模樣而把我喚做「機器人」。而我以為自己只是個態度認真、嚴以律己的學員，努力地正確做好所有練習，盡全力付出一切（一如我練體操時的習慣），顯然我在其他心態較輕鬆的學員之中，顯得特別突出。

然而，我的努力並未顯現任何明顯的結果，直到一次奇怪的覺醒經驗發生。

見性[3]

進階訓練的第二週，練習阿里卡健身操的時候，我一如既往依照指示，持續在內心念著咒語：「一切都是我的夢……一切都是我的夢……一切都是我的夢……」

在下一刻，我突如其來地有了一次「見性」的體驗——瞬間洞察到一切都是我的夢！我就像被打了一記耳光，而我忍不住放聲大笑！那種感覺好比我突然領會了

3 佛教術語，指的是「見到自己本來的真性」。

一個宇宙級玩笑的笑點。這些年來我不斷詮釋各種意義、不斷擔心人們是否喜歡我，其實都是我自己創造出來的！現在，這些事怎麼可能再像以前一樣重要？

一切都沒變，但一切都變了。人生，這一刻，所有的一切，都只是我的夢、我的創造、我的幻覺。在真相之中，萬事萬物純粹如其所是地生起。「我」強加在實相之上的各種信念、投射、觀點與複雜都消退了，只剩下神祕、自發且一個片刻又接續一個片刻的體驗，一個我不曾注意到的明顯真相。在那些注意力無拘無束、無憂無煩的罕見時刻裡，心智的構念與雜音消失了。我心想，我之前怎會錯過它呢？

我也納悶這是否為奧斯卡承諾過的照見境界。我和其中一位訓練師分享發生在我身上的事，但他沒當一回事，或者不知道該說些什麼吧。我和幾個同學聊過，也沒有人有過類似的體驗。於是我不再談論這件事了，因為再多言語也無法正確形容它。

與教授見面

就在進階訓練結束的前幾天，我獲知教授本人預訂要在當晚進行一場演講。那是我第一次也是唯一一次見到他本人。奧斯卡刻意讓自己退居到次要位置，因為這些工作的重點並不是他（很顯然，我在沒見到校長的情況下還是接受了許多教育）。儘管如此，他接受許多靈性傳統大師訓練的故事，仍讓他在我心中的地位相當重要。我納悶著，什麼樣的人有本事發展出一套這麼了不起的訓練體系？

在距離中央公園兩個街區的曼哈頓西五十七街上，我是最早抵達訓練設施外的人之一。一群學生很快聚集起來，他們在寒風中抱著自己禦寒，等候大門開啟。在那個十二月的夜晚，人群像紅海般自動分成兩半讓教授進門時，一陣充滿期待之情的興奮哆嗦直衝上我的背脊。我可以看見他不算高也不算矮的體型，是一位身材纖瘦、很放鬆的四十歲出頭男子，走路像貓一樣優雅。

結果門鎖著，奧斯卡詢問是否有人有鑰匙。在那令人滿懷期待的停頓片刻，他似乎被一團光包圍住——不過，這無疑是街燈施展的戲法。

不久後，我們魚貫進入屋內，從上百個放置在綠色長毛地毯上的蒲團裡挑選了一個坐下。在這個燈光柔和的房間裡，我注意到教授有著一頭短薄的深色頭髮，削瘦的臉龐有稜有角，留著薄薄的鬍鬚，還有一雙彷彿流露出力量與慈悲的深色眼眸。或許，這只是我自己的投射吧。

奧斯卡簡單談論了一會兒阿里卡學校後，提到他正在整理出一份世界靈性傳統的完整歷史。接著他開放提問，但我只記得一點點內容。有人問到癌症的原因，奧斯卡說到一些影響因素，大致上是人體的癌細胞正常來說應能受到免疫系統的中和，但是基因、飲食與環境汙染等因素會讓身體脫離自然的模式。

有人詢問人類是否有一天會旅行到其他星球或星系，教授評論說長途太空旅行所面臨的挑戰是「游離輻射」的問題，並解釋低重力環境會影響人體的骨骼與整個生理機能。

在回答一個關於希臘神話隱含的教誨時，奧斯卡舉梅杜莎為例，這個角色長著翅膀，頭髮是盤繞的毒蛇。根據神話故事的描述，任何人只要和她的眼神對上，就會變成石頭。他解釋道，她頭上長出來的那些蛇代表了持續不斷冒出來的雜亂思想，他稱之為「唧喳切羅」（chicharrero，簡稱 Chich），這個詞彙是西班牙語中用來描述蟬鳴不間斷的唧唧喳喳聲，他用來比喻一種心理上的喋喋不休，這會令人分心甚至癱瘓一個人，妨礙他採取有效的行動。

在唯一一次與教授進行個人交流時，我問道：「奧斯卡，您曾談到在兩世之間的過渡階段『中陰身』（bardo）[4]，根據這個轉世概念，在當前世界人口急劇成長的情況下，這數百萬新生兒的靈魂該如何創造出來？」他以「一顆大樹長出新的枝幹，結出更多果子」這個比喻回答我的問題。

最後教授以一鞠躬和一聲長長的「唵」（Om）[5]致意作為訓練的結尾，然後便走出房間。那是我最後一次親炙奧斯卡·伊察索教授，但其實一次便已足矣。

喬伊的回憶

阿里卡和我過去做過的事截然不同。我的小組人很少——只有九個人，包括一位和我同寢室的歐柏林同學。在這次體驗的大多數時間裡，我都是迷迷糊糊的。我做了所有的身體訓練、呼吸訓練，也研究

4 佛教用語，指死後、未轉世之前的生存型態，亦稱「中有」或「中蘊」。然而在佛教中，不同部派對中陰身的說法和存在時間也不完全相同。

5 發音接近「嗡」。在印度教裡，認為「唵」是宇宙所出現的第一個音，也是嬰兒出生後發出的第一個音。

了阿里卡理論，但是對我來說，我無法像丹那樣覺得一切都那麼有意義且合乎道理。在接受阿里卡訓練前，我從未讀過靈性修練的相關書籍，除了常規大學課程之外，也從未研讀過以外的學問。不過，訓練結束之後，我確實感覺到我的世界變得不一樣了。現在，我平常那些困擾和生命更大的格局相比之下，感覺變得不那麼重要了。

我在二月中旬回到歐柏林之後，我和丹的關係也出現變化。我們現在有共通的理解和語言，我們不再是學生與教授的關係，而是平等的——都是阿里卡人。在我參加阿里卡訓練之前，我和丹從不會沒話聊，但是現在我們的對話有了新的深度，一切事情似乎都變得可能。

從我的角度來看，丹和琳達的關係有些複雜。我第一次見到他們在一起的時候，他們看似一對十分普通的快樂夫妻。但我回來之後，便注意到他們之間的距離。琳達花很多時間和學生聊天，或做她自己的事，丹也忙著教學，但似乎比一般已婚者擁有更多自由時間。丹和琳達從來沒有真正吵過架，或是上演情緒激烈的戲碼。若真有這類的事，那肯定會讓認識他們夫妻倆的人大吃一驚，那也是他們的關係有問題這件事並不明顯的原因。我想他們就只是互不適合吧。

這一切對我來說感覺有些尷尬，因為我無意引發任何事端。我當時二十二歲，丹二十八歲，琳達二十六歲——我們全都年少而天真，當時每個人似乎都受到一九七〇年代民風的感染，試圖打破之前廣為人所接受的常規。當時大學並未明文禁止師生發展關係，而且既然琳達也和其他人在一起，我並未覺得和丹在一起有什麼不對勁。事實上，我還有種「對了」的感覺。我受到丹的吸引，他對我也一樣。和其他人發展關係的琳達，似乎不在意，或根本不在乎。

我在歐柏林的最後一學期，就在春天的第一天，我在丹的指導下服用了迷幻藥。（我喝酒和抽大麻的經驗比丹還多，但我不是習慣性使用者。）進行這趟迷幻藥之旅前，我研讀了好幾本談論這種體驗的書。那是一趟帶來啟發的旅程，我從未覺得有再來一次的必要，但很高興我體驗過它。

學一天，教一天

我從進階訓練返回歐柏林的時候，我的「見性」體驗和其他新洞見在幾個禮拜內逐漸消退，就像從迷幻藥體驗跌落凡間一樣，一一消解成回憶裡的印象。

儘管如此，這些嶄新的洞見仍激勵我設計出若干全新的歐柏林課程，第一個課程我命名為「身心發展課」，內容包括我在阿里卡訓練中所理解並體現的基本元素。那只是個菜單，因為只有阿里卡學校能提供完整的全餐。第二個課程的內容是以內家拳為主的合氣道與太極拳。我起初將它命名為「戰士之道」，但覺得不太適合，所以又將它改為「**寧靜戰士之道**」（Way of the Peaceful Warrior）。這兩個課程很快就額滿了。

春天來臨，事物也隨之起了變化。喬伊從歐柏林畢業之後，回到父母位於紐澤西的家，不久，我也搭便車到洛杉磯拜訪父母，停留了幾個禮拜。

我回到歐柏林時，琳達出於自己的意願，為拓展自己的體驗而報名了科羅拉多州的阿里卡四十天訓練營，我在這段剩餘的夏日時光負責照顧荷莉。她在夏末時回到歐柏林，那是我倆之間的裂痕暫時縮小的一段日子。

當時我並不知道是否還有機會再見到喬伊。

往開悟更進一步？

一九七四年秋天，教授發展出一套第三階段的訓練，名為「開啟彩虹之眼」，訓練冊一打開就寫著以下這段話：「當意識經過重新整頓，成為永久且不變的，據說內在的觀照即被喚醒了。」

我每晚都沉浸在這項訓練。在許多種複雜的靜心冥想裡，有一種是凝視一系列的頁面，每一頁都顯示一種精確的顏色，然後我依照指示透過呼吸將它吸入到一個主要的器官系統，直到我能順利觀想並感受到每個器官放射出該顏色的光芒與相關品質為止，這個方法和學術上的解剖學研究十分不同。當覺察隨著每一次的呼吸與心跳而透過每一個器官搏動，我感覺自己更整合、更完整。

獲得新的啟發後，我得知有一家新的阿里卡訓練中心計劃在加州柏克萊開幕，於是我問琳達是否願意為了這個理由回到灣區。即使當時我們的婚姻岌岌可危，但每一次的搬家、每一次場景與環境的改變，似乎都能短暫地為我們的關係注入一絲生機，因此，她同意搬家之後，我即刻通知學校的文理學院院長，告知他我打算在學期結束後離開，去「另一種學校」執教。

行不通的方法

回到柏克萊時，荷莉已經上幼稚園，琳達在柏克萊市區找到一份工作，我則投入全部的心力協助將老舊的倉庫改造為新的阿里卡中心，為它塗上新油漆，搭起橘白相間的天篷，鋪上毛絨地毯。

接著教授宣布舉辦一個全新的阿里卡學校公開推廣活動「擴張的方法」，從一個新的週末課程開始。

和許多有遠見的先驅一樣，奧斯卡走在他的時代之前。那些嚮往著東方並投入內在修練的人，當時仍屬於相對小眾的邊緣人團體（對比今天動輒數百萬的瑜伽愛好者，因此教授承諾的擴張反而成為壓垮駱駝的最後一根稻草。不出幾個月，柏克萊的教學中心便關門大吉，其他中心也一間間關閉了。由於教授的知識有其深度，而且阿里卡訓練的品質良好，因此我對這樣的變化深感失望，也十分困惑，然而我在史丹佛大學擔任教練的經歷告訴我，功勳不一定能帶來報酬。

在接下來的幾週裡，我開始為《國際體操雜誌》撰寫一系列的文章，內容是探討有效學習與生活的一些廣義原則，並呼應我自身逐漸擴展的觀點。隨著文稿漸漸累積成厚厚一疊，變得就像書籍手稿，一個想法首次浮現在我腦海：有一天或許我也會寫一本書。

對阿里卡學校的反思

教授不是在販售成功、力量、療癒、財富、回到前世的方式，或如何與「另一邊」溝通的方法，阿里卡訓練要求（或培養）的是一個人剖析自身心理的意願。奧斯卡的目標是「照見」，而不是達成多麼高的世俗成就。然而，即使是最全心奉獻的學生，開悟的希望依然高高端坐在那座通往彩虹盡頭的階梯頂端，似乎永遠難以企及。

大約在此時，教授宣布展開第四階段的工作。謠言開始流傳，說最後必定會有第五、第六、第七、第八階段，甚至可能還有第九階段，最終才能抵達承諾的開悟。

這讓我想到了《史努比漫畫》（*Peanuts*）裡的查理．布朗，一直重複嘗試，努力要踢到露西手上的足球，而每次他一踢，露西就會在最後一秒把球抽走，讓查理摔個四腳朝天，只能嘆一口大氣。露西答應他，下次她一定會將球留在原來的位置，但她卻一再將球抽走。我問自己：這傳遞了什麼訊息嗎？什麼時候查理才會說：「夠了」？而我呢，又是什麼時候？

多年以前，佛瑞教練曾解釋過「專精」的原則——意思是，一個人透過持續跑步來讓自己的跑步越來越進步，或透過不斷空翻來讓空翻越來越進步。在阿里卡訓練裡，呼吸練習、靜心冥想、觀想與唱誦都幫助我在內在工作方面做得越來越好。這些練習也有助於讓我發展出更平衡的身體、更強化的自我覺察，但是阿里卡的這些訓練本身，並無法為我釐清職業生涯的方向，或修復一個生病的婚姻。我最初對阿里卡學校的信仰，開始蒙上一層懷疑與幻滅的陰影。正如那句古老諺語所說：「開悟前，砍柴、挑水；開悟後，砍柴、挑水。」接受了所有訓練之後，我依然是那個只顧自己、果斷獨立的傢伙，不過至少，阿里卡幫助了我面對這個事實，或許它也為我帶來一些做出改變的空間。

於是，儘管我對教授所創造的一切心懷感激，但決定是時候結束我與它的正式關聯了。做出這個決定、跳下這座旋轉木馬之後，我便可以重新投入我的日常生活，但那樣的生活會是什麼模樣呢？我真正想過的，到底是什麼樣的生活？

與柏克萊阿里卡中心的解散不謀而合的是，我們的婚姻也終於結束了。這是一場友好，也是無法避免的分手。我簽好文件，然後協助琳達與荷莉搬到柏克萊的另一間房子。我了解自己當初為何結婚與現在為何離婚的原因，唯一不解的是我們為何堅持了將近八年之久。

如今我獨自一人了，我也在柏克萊青年會找到了成人武術與特技教學的兼職工作。

中陰身：生命之間的空間

早年我一直承蒙命運之神眷顧，但現在我的人生已跌落谷底。無伴、無業、無處停泊。我飽受決策疲勞所苦，既然不斷反芻思考也沒有任何結果，我索性來到了海軍招募辦公室應試，想著或許候補軍官學校至少能提供某種架構——甚至帶來一個有紀律、有完善組織的職業生涯。我的考試成績不錯，但他們卻告訴我，二十九歲已經超過接受軍官訓練的年齡上限。那是我第一次被告知不能做某件事的原因是因為年紀太大。

我又一次覺得自己像個孤魂野鬼，被迫仔細盤點自己的人生境況，以及我在其中扮演的角色。回顧我年少時的體操歲月和大學時光、我與加油站老技師邂逅的那一夜，以及他帶給我的啟發，我不禁想知道：蘇格拉底會說些什麼呢？

與蘇格拉底的對話

二〇二一年元旦，我即將完成本書第七稿的修改之際，蘇格拉底的臉龐驟然出現在我的腦海。我聽見他在清喉嚨——有趣的惡作劇，因為他是無形體的。

「老蘇，你到底從哪裡冒出來的啊？這陣子你到哪兒去了？」

好問題。這麼說吧，我從未遠離。

「但你現在不是死了嗎，或者……在光裡，或者——唉，算了。」

算了（Never mind）[6]？那倒是個正面跡象。

「或許吧，但我還沒有開悟。」

誰鳥它？

「我確實有一些瞥見，但不持久，從沒辦到過。」

不錯的觀察。

「哇，很實在的讚美。我——」

所以你最近都在忙些什麼，丹？

「你應該知道吧，如果你一直在我腦袋裡的話——」

是身體再往下一點點的地方。

「好吧——在我心裡。」

我們別多愁善感了吧。

「所以你是我的繆斯，對嗎？」

一直都是。

「那麼，請問無所不知先生，你對我在教授那裡接受的訓練有什麼看法？」

---

6 雙關用法，never mind 從字面直譯為「無念」。

小子，我來問問題，你回答，如何？

「別再用小子叫我了，好嗎？我他媽的七十五歲了！」

想想我的年紀……

「了解——我想我對你來說永遠都是小子。」

對於你在阿里卡學校接受的訓練，你真正的想法是什麼？

「我已經寫過了——」

快點，說吧！

「嗯，我學到很多關於自己的事。」

什麼自己？

「別對我用禪那一套，老蘇！你明知道我指的是我的心理面——自我的結構與策略。教授的方法為我開啟了新的觀點，以及看待自己與世界的新方式。擴張的自我覺察——許多我過去無意識的，現在都比較有意識了。我的身體從來沒感覺那麼好過。雖然這一切對我和琳達的婚姻都沒有什麼幫助。」

或者，很顯然，也沒有幫助你更成熟。總而言之，你剛才告訴我的，聽起來很像從簡介的小冊子上直接抄下來的。

「我要說的重點是，阿里卡的所有內在訓練和日常生活的實際情況之間有一堵防火牆。同時，我仍持續盼望這些訓練能真的帶領我獲得最終的覺醒。」

在俗世裡，開悟加上十元大概只能讓你搭一趟短程計程車。

「一點也沒錯。靈性覺醒不能幫你洗好衣服和盤子，或是跑腿買東西。」

而沒有任何個別獨立的自我能達成，因為開悟的照見狀態會瓦解個別獨立的幻相。換句話說，在開悟之中，沒有「我」。

「嗯，技術上來說，有一個小的『我』。但我們都同意一個大方向的重點：覺醒的生命，只要身為一個人，仍會遇到人際關係、財務、健康等這類事務的困難。我只是在自言自語，這裡——」

這叫做「說話」。

「你一向那麼機靈，但讓我把話說完吧。從好的方面來看，我體驗到的那些開悟片刻似乎讓我跳躍到一個超越的觀點，接受一切生起的現象，儘管實際的挑戰仍在——我還是得在日常生活裡運作。不確定是不是拉姆．達斯說過：『我們可能陶醉在宇宙的至樂裡，但還是有責任記住自己的郵遞區號。』」

有智慧的人，那位拉姆．達斯。

「趁我們正在談這個主題，我想問問你，既然我們都同意開悟不是個實用性的目標，你為何要啟發我在《深夜加油站遇見蘇格拉底》裡寫下關於通過門的那些文字？」

因為那似乎是當時你最感興趣的事。

「你知道嗎，老蘇，你好像變了。」

你也是，丹——我想，這不是巧合。

「那麼現在該怎麼做呢？我先說一些話，然後等你回應嗎？我覺得有點生疏。」

我們一直以來都合作無間——不然你覺得你那些書是怎麼寫出來的？

「喔，所以現在你是在邀功囉？這好詭異。」

生命就是很詭異。說到這個，你願不願意分享自己對那些阿里卡內在工作的印象總結？

「嗯，事情是這樣的：那些練習和地圖相輔相成的效果確實很棒。我真的不能想像有更全面的學校，但是——

但是？

「有一些事我不太能——」

面對？

「是啊，可能就是這樣吧。或許我還沒準備好面對或看清它並沒有改變我的日常生活。」

你花一半的時間在分析你的瘋狂，然後再花另一半的時間將它變成誇張的戲劇。

「老蘇，你還是一樣能言善道，但還有別的：阿里卡訓練是一個靈性戰鬥營——靈魂的體操訓練營。我把專門的技巧和洞見帶回家，但這些內在工作只能幫助我的內在運作得更好，卻無法幫我平衡收支、找到一份事業，或修補一段破碎的關係。不過，或許我真的學到一件有用的事：為了改善我的日常生活——」

你必須練習過日常生活。

「你一定要像這樣接我的話嗎？這樣有一點煩人——」

總之你似乎學到了一些事。

「或許吧，但我懷疑教授是否理解這一切，又或許，他過於投入在他的體系和學校。」

我想他的本意是好的，畢竟他為這個學校、為他想傳承的資產付出了一生。

「我很感謝奧斯卡和阿里卡學校，但我沒有繼續的動力了，它實在不適合我。」

就像你踏進一間書店，會略過一些書——

「對！因為我已經是過來人——」

然後你也會跳過其他一些書，是因為你還沒有準備好。

「這也沒錯。」

但是若你在最適當的時機，找到適合你的書：那就是神奇的一刻。

「像挖到金塊一樣。」

那麼在你讀完一本書之後呢？

「我要不就是放到書架上，要不就是送人。」

但是一些想法已經變成你的一部分了，就像阿里卡訓練。那只有在一段時間是屬於你的，但那些觀點仍停留在書架上——

「蘇格拉底！你說的是『書架上的覺悟』（shelf-realization）這種事嗎？」

嗯……我想我們暫時就到這裡吧。

「好像是這樣。謝謝你的……老蘇？」

他又瞬間消失得無影無蹤，一如來時。他老是這樣。

第十章

大師

真實世界和神祕世界之間沒有橋梁，
因此我們必須憑藉信心一躍而過。

——齊克果（Søren Aabye Kierkegaard）

我在一個蛻變的時代成長，在高呼「要做愛，不要做戰」的迷幻六〇年代之後，迎面襲來的是一波一九七〇年代內省的改變浪潮和新時代（New Age）運動下琳瑯滿目的東方導師、古魯或大師、學派，以及渴望探索、嘗試、測試現實邊界的靈性追尋者。**一切事物**都能公開討論，而其後發生的種種，都能適當理解為這些變動年代的反映。

三十歲生日前，面對著這些新興價值觀，我心中雖感到無拘無束，卻也缺乏方向。這時我讀到一本書名很奇怪的回憶錄，叫做《傾聽的膝蓋》（*The Knee of Listening*，暫譯），作者是一位名為富蘭克林·瓊斯（Franklin Jones）的美籍靈性老師，當時他三十多歲，隨後我將會以「大師」稱呼此人。他沒有蓄鬍、沒有配戴念珠，也不穿長袍。他在哥倫比亞大學研修過哲學系，隨後在史丹佛大學獲得英文文學碩士學位。

約翰寫完他的第一本書之後，又完成第二本書，開始吸引了一些追隨者。大師和教授逐步進化的教導方式相反，他的方法不涉及任何必須努力練習的技巧，而是要你敞開心胸與如是的「神聖實相」直接交融，以他的話來說，神聖實相「永遠如此，本是如此」。教授位居幕後，但是大師的肉身與靈性存在都雙雙作為一種超越的直接手段，位居他逐漸壯大的信眾社區中心。

一道光，許多盞燈

基於過往的種種經歷，我很自然地被這位樸實的美國大師所吸引，折服於他非凡的洞見、幽默感與創造力。有人請他評論奧斯卡·伊察索宣稱阿里卡學校「不需要信念」的說法，大師大笑著答道：「那所學校當然需要信念，你必須相信它會對你產生作用！」他很快接著說：「我寧願拿根棍子打你，也不會告訴你要一路靜心冥想直到開悟。」他形容自己對開悟的理解是「在狂喜與絕望之間的光速交替」，而我似乎頗能認同他獨樹一幟的觀點。

我尚未見過富蘭克林·瓊斯本人，但是在閱讀他的著作時，我所產生的神祕而令人敬畏的感受可能類似於基督徒閱讀《新約聖經》、穆斯林閱讀《古蘭經》，或猶太教徒閱讀《塔木德》（*Talmud*）經典時的感受。我反覆咀嚼他的話語，感覺獲得了靈性滋養，讓我超脫了世俗的煩擾。

我不是唯一一個有如此看法的人。備受尊敬的學者、研究禪與道家的作家艾倫·華茲（Alan Watts）也寫道：「雖然我不認識法蘭克林·瓊斯，但他所言，而且說得很好的，就是我三十五年來一直試圖想要表達的東西。」

另一位知名作家與學者肯恩·威爾伯（Ken Wilber）也在其他地方寫道：「我曾出版五本書與三十多篇文章，都是致力於融合東、西方宗教與心理學的內容……我的看法是，我們在〔大師〕這個人身上看見終極版的靈性大師與宗教天才……而他談論〔自己的教導〕的方式如此精彩，人們只能推斷說：他比其理論的鼻祖們更了解它們。」

法蘭克林．瓊斯自己承認，他並非那種道貌岸然、堅持獨身、披著白袍的聖人。他一九七三年出版的第一部著作裡，有一篇標題為〈悟道之人〉的文章，他在文章中事先警告讀者，並預告了接下來會發生的事，他寫道：

> 悟道之人並非出神的。他不在別處。他並非正在經驗什麼。他是覺醒的。他是臨在的……他也許看似沉溺於每一種愚蠢和錯誤，但又怎可能是其他樣子呢？存在只能是平凡的。他不是靈性的，他不是有信仰的，他不是哲學的，他不是道德的。他不是挑剔、精簡和守法的……他呈現每一種論點……他的生活誘騙著每一個人，只為讓他們了解……他是一個誘騙者、一個瘋子、一個騙子、一個浪蕩子、一個傻子……他示範了一切的徒勞無用……因此他使悟道成為唯一可能，而悟道完全不會造成任何不同，因為它是實相，它原本就已是如此。

我從未真的從字面意義上解讀這段話，只當它是一段饒富詩意的散文，旨在傳達他不是——套句他自己說過的話，「那種抽著菸斗的哲學家」。他事先警告追隨者，只要那是對偉大的覺醒過程最有幫助的事，他會主張我們所否認的，然後否認我們所主張的。從一開始，這位大師就將自己的工作歸類到「狂慧」（crazy-wisdom）這一傳統，這似乎都在告訴大家，他是個非傳統的老師。對我來說這不是問題，因為傳統老師我已經見過太多了。

我打電話給位於舊金山波爾克街的曙馬書店（距離阿里卡四十天訓練營的地點不到兩公里遠），為自己安排一場大師社區的導覽介紹。

成為人的條件

過了幾個晚上，我走進書店，一邊呼吸著薰香的淡淡香氣，一邊瀏覽涵蓋不同靈性派別的各式書籍，大師的前三本書就擺在最顯眼的位置。他的照片掛在牆上，照片裡的男子三十出頭，頭髮茂密，有一雙濃眉和明亮清澈的眼睛，散發出自信與能量，嘴角帶著若有似無的笑意。

在鋪著地毯的會議室裡，我在十到十二個人之中坐下後，一對大約四十多歲的男女站在講臺後面歡迎我們，他們先自我介紹，然後簡單談了一會兒他們一開始進入這個社區的過程。接著他們宣布富蘭克林·瓊斯採用了一個新名字「自由約翰老兄」（Bubba Free John），標誌著他教學工作的一個新階段。（大師往後數年間還會改過很多次名字，這是第一次。）

他們繼續解釋道，若我們有人想要加入社區，和大師一起靜坐，我們就必須遵守特定條約，並補充說：「這些條約不是嚴格的規定——大師稱它們為『純屬建議』。」

第一道條約是「提升生命、符合靈性修練的素食飲食」。目前為止還好，我心想，但他們又補充說這樣的飲食包括「戒除所有加工甜食，例如冰淇淋、甜甜圈、糕點類和巧克力」。由於我嗜吃甜食，這實在是個挑戰。我心中暗自打算著，要在回家路上買個甜甜圈，因為這可能是我近期內最後一次吃了（我並未做出終生奉行的承諾）。

第二道條約是，社區每個人都必須「避免混亂的性關係及節制性慾，換句話說，就像大師所言，『除非你已婚，否則請忍住性慾。』」

其他條約包括晨間健身操，午後或晚間的例行瑜伽動作，以及擁有一份全職工作並繳納每月收入的百分之十作為什一稅——「和許多宗教團體慣用的捐獻形式相同」，我們的主持人補充道。

我還必須搬進舊金山眾多社區家庭裡的其中一個，並分攤房租、伙食費與家事。「住在這種『家庭』，」他們解釋：「有利於你們遵守條約並和其他信眾討論大師的教導。」

他們繼續說：「每個週末，各個家庭會開車共乘至克利爾湖高地的『專注山聖所』和大師一起靜坐，並修習『無私服務』的工作，也就是以根據自身的技能，為大師與社區提供服務……」我想，這表示再也沒有悠哉的週末，也沒有空閒的週間夜晚了。因為他們已經說了，晚上的時間要全心研讀或盡服務的義務，休息與放鬆不再是個選項了。

介紹進入尾聲的時候，這對男女解釋，這些要求有助於為靈性修練「建立一個穩固的基礎。最重要的是，它們代表的是時時刻刻臣服的自我意志。」

我心想，說出「你的旨意將會貫徹」（*Thy will be done*）是一回事，真正活出它又是另外一回事。大師要求的是一件我過去從未思考過的事：臣服於更高意志與智慧，這兩者對我來說都是挑戰，也使我憂心。我必須犧牲自己的隱私，某種程度上犧牲的是我的自主性。儘管如此，若它是異教，至少聽起來是有益健康的那種。

我離開書店的時候，看見牆上貼著一句大師的話：「在你變得靈性之前，必須先成為完全的人。」

我心頭一驚，有點愣住，讓這個新訊息我心中沉澱下來。大師與它的團體所提供的機會感覺十分難得與獨特，那些條約也是。我即將加入的是一種全天候的沉浸體驗，和我之前在阿里卡學校參加的任何活動都不同。

真實世界的挑戰

書店的活動結束後，我回到空空如也的公寓，在自願的獨處中，我仔細考慮了自己聽到的話：那些條約似乎還算合理，沒什麼需要提出反對或批評的怪異之處。但是遵循這些每日修行，就意味著要放棄我有主見的、獨立的本性，而這些與我的身分認同緊緊相繫。

教授讓我觀察、分析自己的心理，但大師似乎要求我從第一天開始就改變自己的行為。他的社區並不是個與世隔絕的修道院，而是與世界交融在一起的，既然我覺得自己東飄西蕩，或許這就是適合我的落腳方式，反正我必須找工作，何不就在舊金山找呢？再者，我預期那裡的食物應該比海軍供應的更營養吧。

過了幾天，我得知前妻和女兒建立起穩定的生活後，我便申請加入一個社區家庭。他們邀請我共進晚餐，幾天之後我便搬進去了。我也找到一份辦公室打字員的工作，但辦公室要六週後才開始運作，所以在那之前我無事一身輕。而且，我盤算著，如果這樣行不通，我隨時可以離開。

與此同時，根據我的了解，以及與超凡大師一起共度時光所獲得的允諾，我可能會在大師的臨在下，以激進的方式體驗到解放。

終生伴侶

一九七五年八月，大師對結婚或保持單身的告誡，讓我做出了人生中最重要、最瘋狂而明智的決定：我打電話給喬伊，問她是否願意閱讀大師的前三本著作，然後考慮來加州與我會合。我心想：她為何要離開家、離開潛在的事業機會來找我？畢竟我還算是個不錯的人選：二十九歲，擁有前什麼什麼的頭銜，目前是屬於某個神祕宗教團體的無業人士。她怎能拒絕呢？

她說她會再回覆我。

喬伊的回憶

我在六月畢業後便搬回我父母在紐澤西的家。當時我完全沒有個人抱負，對未來也沒有方向，因為我生命中大部分的時間都在幫助他人。童年時期，下課和週末的時間我都在父母的文具店工作，我也分擔很多照顧妹妹的責任。十六歲那年夏天，我和一個助手一起經營文具店，因為我母親背部受傷，而我父親還兼職別份工作。

我哥哥在就讀哈佛大學醫學院時，遭逢了嚴重的酒駕車禍，於是我大三那年夏天，都和父母、妹妹一起待在麻省總醫院附近的劍橋，協助他們的照護工作，所以我很不習慣掌舵自己的人生方向，我只是前往需要我的地方。丹的人生似乎和我天差地別，他總是在為自己做決定、追求自己的夢想。

離開歐柏林時，我不知道會不會再與丹碰面，那在我生命裡留下一個巨大的空洞。後來我參加了阿里卡進階訓練營，然後開車到密爾瓦基，在那裡生活並在一所阿里卡中心教學——這是一種在精神上更親近丹的方式。我們有好幾個月沒有聯絡，因為他仍在努力搶救岌岌可危的婚姻。

當我得知丹、琳達與六歲的荷莉已經離開歐柏林，回到加州柏克萊時，我告訴他，有一些阿里卡的朋友和我決定要開車到西部度假，很快會抵達灣區。後來，我與丹、琳達在他們的公寓裡共進晚餐。每個人都很熱忱親切，但似乎有種不尋常的氣氛。「或許我只是在想像吧。」我告訴自己，「我們已經向前看了。他們的婚姻一切都很好，我也可以向前看了。」

我決定是該離開阿里卡中心，回到紐澤西的時候了。我需要賺錢，然後好好思考未來的選擇。我老爸願意幫我介紹一份工作，那是一家位於曼哈頓的電影工作室，老爸在那裡擔任晚班經理。我們每個上班日下午都一起通勤，我可以看出老爸十分享受有我陪伴他開車上下班的時光。他打算讓我學習影片剪輯，他認為這是在為我的職業生涯鋪路。

一九七五年夏天，丹和我開始固定通信。七月時，他寫到自己和琳達已經分居，而且正在辦理離婚。不久之後，丹便要我看看一位名叫法蘭克林．瓊斯（當時他的名字也許是自由約翰老兄）的作者，也是老師所寫的一些書。我對他的教導十分感興趣，卻也感到害怕。

阿里卡充滿挑戰，但是當訓練結束，它就結束了，它沒有什麼日常守則或要求規定我如何過生活。這位大師就不同了，他會定下好幾個影響你的日常生活的條約。我還沒準備好要做出這種承諾。同時，丹和我持續魚雁往返。八月的時候，他邀請我前往加州和他一起生活，我考慮了大約一個禮拜，最後，我知道我想要和丹在一起。

當我告訴父母我計劃離開時，家裡變得像停屍間般一片死寂。我按規定在兩個禮拜前向公司提了離職通知，這段時間裡我繼續和父親一起通勤，但他幾乎不跟我說話了。

九月初，我和母親、妹妹道別後，爸爸在上班的路上順便開車送我到機場。我們匆匆道別後，他便開走了，他甚至沒有下車。我知道父母感到很失望，因為我又要離開了。他們不知道該如何看待丹或者我與丹的關係。離開家人，讓我心中感到一股悲傷和罪惡感，也對我的未來存在著一些懷疑。

永遠的開始

就在夏季步入尾聲時，喬伊打來一通電話，說她人在機場。「紐澤西機場嗎？」我問。「你要來嗎？」

「在舊金山，」她說。「我已經到了。」

從機場回家的路上，喬伊告訴我她已經讀過大師的書，但抱持強烈的保留態度。我可以同理她的感受，因為我自己也持保留態度。

短暫拜訪我在洛杉磯的父母，然後探望荷莉之後，喬伊和我安頓好各自的工作，並適應了我們社區家庭的節奏，這個家庭位於海特—艾許伯里區的共濟會街上，其他成員還包括另外兩名女性、一名男性。我們每週五晚上都會一同開車前往克利爾湖附近的聖所，大約北上兩個小時的車程。

那也是我們結婚的地點。十月的一個週末晚上，我們在幾位家庭成員的見證下，舉行了一個簡單而優雅的婚禮。喬伊的髮間戴著一圈花環，一雙大眼睛閃閃發亮。我穿上了最好的毛衣。這次，我們的婚姻感覺不僅再正確不過，更是命中注定。我找到了一生的摯愛，從說出「我願意」的那一刻開始，我對喬伊的承諾甚至遠遠大於我與大師的連結，且永遠如此。

我們雖然擁有自己的房間，但其實就像生活在魚缸裡，不斷意識到家庭成員在觀察我們，如同我們也在觀察他們一樣。我們盡力培養夫妻關係，但也努力避免落入大師所謂的「伴侶崇拜」，意思是一對過著祕密生活，在他們和家庭間築起一道防火牆的伴侶。

與此同時，無論我往哪裡走，總是正面衝撞到大師的生活條約，這顯露出我習慣隨心所欲生活的不成熟傾向，而我之前稱之為自由。日常生活已經變成令人備感挫折、卓有成效且持續不斷的靈性戰鬥營。

喬伊的回憶

自從加入社區家庭，和丹在一起幾個禮拜之後，生活變得更複雜了，丹的腦袋裡有好多想法，而且十分渴望影響他人。我第一次見到他時，就察覺到他有種真誠的特質。由於我對丹有很深的信心，因此願意加入社區，就當做一場實驗。在一九七〇年代，這種事屢見不鮮。

丹和我結婚時，我感覺就像是再自然不過且命中注定的事。

我們在社區的頭幾個月過得很緊張，因為我倆都決心嚴格遵守所有的條約，丹尤其嚴守規矩。我很快注意到，我們周遭的人對條約的態度比我們寬鬆多了，反正也沒有高層的人在注意我們，但我們並未因此改變自己的行為。

修練的熱度

我現在已經了解阿里卡訓練，與坐在一位完全覺醒的領悟照見者身邊感受他的臨在，任何敞開的人都能接受其領悟，這兩者之間有何不同了。喬伊和我每週五晚上都會來到聖所，先找到一個睡覺的空間，然後查看公告上被分派到的週六工作任務。禮拜六晚上的時段通常保留給一部大師選的電影，除了放映外，還包括他令人捧腹大笑的評語與影片相關的指導課程。不過主要的重頭戲在週日早上：在交誼廳與大師進行的「達顯」（darshan）[7]。

每個人一就定位，開始翹首盼望時，大師就會進來。他走向那張大座椅時，我們便鞠躬頂禮，用頭觸碰地板，然後，我和屋子裡的其他人一樣，會凝視著他大約一個小時，盡力在這段時間運用他所建議的「感覺注意力」（feeling-attention）。有時候，當他的雙眸環顧大廳，暫歇在我們每個人身上時，他眼裡會飽含淚光。我已經盡可能激發自己奉獻的熱忱，服從並臣服，但我卻覺得自己就像一個演員，扮演一個滿懷奉獻精神的信徒角色。

每當我嘗試一些新事物時，我必定全心全意、滿懷熱情地沉浸其中，暫停一切的判斷或懷疑，看看它能帶領我到何處，看看我能學到些什麼。事實上，比起狂熱的信徒，喬伊和我是更好的學生。儘管如此，我也無法否認，我沉浸在大師的臨在時，感受到某種光明且騷動不安的能量。

交誼廳裡有少數信徒出現了一些自發性的內在淨化過程（Kriyas）[8]——痙攣顫抖、發出呼嚕聲、不由自主地面部扭曲等能量湧動的現象，有些人會羨慕這種現象，因為這似乎代表當事人深刻而虔誠地臣服。其他信眾會將夢境、洞見、情緒，甚或肉體上的療癒歸因於大師，但是他不鼓勵這類的說法。對他而言，這全是「里拉」（lila）[9]，或說是神聖的遊戲，他完全不在乎這種現象，只輕描淡寫地說：「這些人需要多吃一點接地氣的食物。」

七個階段

幾個禮拜之後，大師概略描述了他所謂的「人生七階段」，那是一套意識進化的階層模式，而且不意外地，這個模式也將他的覺悟層次放進適當的脈絡之中。前

---

7 梵文，字面意思為「看見」，引申為與大師同在而引發內在靈性體悟。
8 梵文，意思是「轉化」、「執行」、「行動」等。
9 梵文，意思是「消遣」、「娛樂」或「玩樂」。

三個階段各自需要七年的時間：首先是身體的具現，接著是情緒與性的發展，然後是藉由強大意志達到巔峰的更高心理功能，達成的理想年齡是二十一歲前。此時，幾乎沒有人能以完全成熟或充分準備好的狀態迎接後面的階段。

第四、五、六階段（無時間範圍）取決於前三個階段的狀況，代表的是「成為完全的人」。第四階段呈現的是一個從粗略到精微層次之存在的過渡期，被愛與服務的自然衝動驅策（但是神仍被視為「他者」）。人生的第五階段，或說神祕階段，特徵是在光裡消融，包括出現靈性體驗與出神的心像。

第六個階段的覺悟者，為人所知的有耶穌、佛陀、穆罕默德，或較不為人知的印度靈性導師拉瑪那·馬哈希（Ramana Maharshi）等，他們安住於意識之中並成為意識本身，不受到任何表面狀態或限制所束縛。

大師宣稱只有他一人已經達到第七階段，他形容為「一個全新可能性，沒有任何分離存在，唯有神存在」。

他要傳遞的訊息是，任何追尋都是不必要的；沒有什麼要達成，只要領悟即可——我們只需要意識到何為「永遠如此，本是如此」的狀態。這個在他早期作品裡傳遞出的超越性訊息，正是最初讓我像飛蛾撲火似地被大師吸引之處。

新的教導

儘管大師傳遞靈性力量的能力吸引了許多信徒，不過他充滿洞見的教導才是最主要吸引我的地方。譬如，有一次他提到三種類型的人：堅固型（或稱嚴肅的人，「肚臍有顆石頭」）；活力型（擴張、精力充沛型，「肚臍有一把火」），以及特殊型（較典型的靈性類型，「肚臍有個洞」）。每一種類型各自關係到不同的身命和靈性教導。（我屬於很容易就可以辨識出的堅固型，喬伊則是活力型）。這些清楚、簡單卻深刻的觀察，激發了我在心理學研究所追尋的自我覺察。

在另一次，大師描述了不同生命階段，分別是童年、青少年與成年，接受老師、教義與權威人物的教導方式也會有所不同。他說，對那些處於靈性發展童年期的人而言，他們將他視為理想化的父母，會指導、設下界限、保護並引導他們。他又說：「這段天真的階段沒有什麼不對，但你最終必須長大，脫離這個階段。」到了青少年期，意味著拒絕任何權威，而且需要做出獨立的決定。青少年的頭腦會帶著懷疑看待任何權威，將所有的靈性導師視為騙子、神棍。成年人無論智慧出現在何處都能找到它，不會盲目接收或拒絕自己讀到、聽到的東西，而是會透過自己明察秋毫的能力來掂量。

聽完這些話，我更欣賞大師了，因為我曾遇見一些鼓勵我們像孩子般信奉他的老師（我敬而遠之）。我能回想起自己的行為就像個天真孩童的時候，還有行為表現得像個叛逆青少年的時刻。我似乎正在進化，逐漸以更成熟的方式接近大師和所有的靈性教導。無論如何，社區的每一個人都預期要「超越」，而非只是分析、抗拒或耽溺於這些看待世界的習慣性策略。

神聖無知

幾個月之後，在聖所一個典型的週末（如果真有這種東西），大師提出的一個簡單問題發動了一場參究，促使我出現另一次的見性[10]體驗——就像我在阿里卡參加進階訓練時，領悟到「一切其實都是我的夢」的突破性體驗。

一開始，大師在啜飲一杯水，然後他舉起杯子問：「有人能告訴我這是什麼嗎？」這個看似答案很明顯的簡單問題，變成一場為期六週、讓我們全然融入的參究，深入思索大師教誨裡的一個新面向，也就是他所謂的「神聖無知之道」，這個面向誕生自，他觀察到即使人類累積了日益龐大的知識量，卻沒有人徹底知道任何一件事——包括老師、博士或知識分子，甚至靈性大師。

他舉著杯子，然後對集會人群來上一段蘇格拉底對話，然後大師繼續重複同樣的問題，詢問是否有人能告訴他那是什麼。人們嘗試各種方法——是杯子……一個飲用容器……一個矽酸鹽類結晶構成物等等，直到大師回答：「是的，我們可以寫出一本百科全書了，用海量的文字指出『關於』這個杯子的名稱、標籤、敘述、構造、化學、美學、歷史等等，然而我們對它的本質——它『是』什麼依然完全無知。你們卸下『知』的負擔，擺脫意義的束縛，你們看……」

在為期幾週的時間裡，這場持續不斷的參究一直像個公案在我肚子裡熊熊燃燒，然後剎那間，我嚐到了它的滋味，一個瞥見閃現，只是一絲絲的微光，這一次領悟突破了我對文字標籤的認識，我不知道（也無法知道）任何事物的真正**所是**是

---

10 同第一三五頁註3。

為何。

對這個概念的智性理解或欣賞，與實際「了悟」它，哪怕只有一剎那的了悟，都存在著巨大差別。在那個剎那間，感覺就像是解脫，生命變成了一個逐漸展開的奧祕。

大師的教誨，大師的碰觸

由於我主要的服務區域是在聖所，偶爾也會在舊金山的書店，我為社區轉錄了許多大師的演講。這些演講都會加上標題，例如〈性、歡笑與神性了悟〉和〈雙面男人或女人〉等。

在社區過了緊湊的兩個月生活之後，有一天傍晚，我在社區書店後方的辦公室打字，意外看見大師本人走進我正在工作的小房間。我記得自己心想，我該有什麼禮儀？我該起立面向他，就像覲見女王那樣，還是……嗯，像面見摩西那樣？我該繼續手上的工作，繼續坐著打字？後來我只是稍微旋轉了身，以友好與敬意的點頭向他致意。

大師經過我的時候，停下來按摩了一下我的肩膀，彷彿在肯定我所做的工作，沒說半句話，便繼續他的行程了。我深呼吸了一口氣，觀察自己的身體是否有所變化，是否有任何神奇或靈性的現象出現，或獲得什麼特別的加持。感覺好像一個很有愛的朋友觸碰了我，彼此間是一種人與人之間很自然的連結，就只是這樣。

我很快回過神繼續打字，心想：如果稍早有人告訴我，今天大師會來按摩我的背，我肯定會捧腹大笑。

喬伊的回憶

我們與社區的關係時好時壞。和其他人住在一起，還要每個週末前往聖所，對我們造成了一些不良影響，不單是對我們倆人而言，對許多信眾來說也是如此（社區裡的人是這麼稱呼自己的）。與「達·自由約翰」（Da Free John，他現在這麼稱呼自己）一起生活的日子滿辛苦的，有時甚至令人不安。他的目的是撼動我們，讓我們擺脫舊有的自己。他會不斷闖入、中斷我的生活與個人欲望。丹和我花了很多時間在討論留下或離開的好處和壞處。

回想起來，當時我第一次有種不對勁的預感。這種感覺激發我認知到自己有個內在知者的深層理解——一種我有能力權衡事物的知覺，或許我擁有信任自己多過信任達·自由約翰的智慧。這個經驗後來幫助我培養出分辨各種情況好壞的能力。

來來去去

某個禮拜過一半時候，一個沒有預料到的改變發生了，所有家庭都接到同樣的公告：「所有條約暫停。各位可以住在任何地方、以自己的方式過生活。」這難道是另一齣大師的「狂慧」實驗劇場戲碼，還是社區解散了？這些條約和家庭生活一直都是種強烈整合的生活方式，也代表著來自大師的持續提醒，我頓時感覺到一種混合了失望、不確定與鬆了一口氣的複雜感受。

這個消息公佈之前，喬伊和我沒有任何休閒時間像對新婚的年輕夫妻那樣好好相處，我也一直無法去探望荷莉，她已經隨她母親與繼父一起搬到北加州的草谷了。

現在，又是一次機緣巧合，我得知舊金山克雷蒙街上一間小型健身教室有一個教學工作的職缺。我與老闆克莉斯汀見了面，她能提供的薪水不高，但我同意一個禮拜上四晚課程，她提供的福利包括一間教室正上方的免費小公寓。因此，我和喬伊離開了位於共濟會街的社區家庭，搬到我們自己的溫馨小公寓裡。我開始在青少年與成人體操班任教時，喬伊也找到了一份在市中心的會計事務所擔任薪資事務員的工作。

我們再也沒有像一開始那樣如此融入社區生活，或每個週末都前往聖所了，但是大師仍在我的（也在喬伊的）生活與覺知裡繼續存在著，尤其是透過他接連出版的新書，這些作品傳達出他對於有意識的運動與飲食、人類性慾、覺醒政治、全身開悟、死亡的超越意義等主題的獨特洞察。即使他從未披上靈性大師的長袍，他的文字作品仍做出了重要貢獻。

喬伊和我偶爾仍會前往聖所，不過大師現在大部分的時間不是與他核心圈子的人聚會，要不就是閉關。他又改名字了，在他往後事業逐漸走下坡的時日裡，他又改名了好幾次。

後來我會問自己，為何我們與社區保持聯絡長達八年，這和我第一段婚姻的情況雷同，我既無法全心投入，也無法放下。也許那只是一種純粹的堅持，又或者是因為一群由真誠的靈性追尋者們組成的社區，似乎更勝於一九七〇年代後期那個瘋狂的世俗世界。也可能，純粹是基於慣性，我們在下一個更好的選擇出現之前，都會停留在原處。所以，隨著月復一月、年復一年，每一次我們在身體或情感上疏遠它時，又再次被吸引回去。

這段時間，我在健身教室教夜間課程的工作，讓我在白天有充裕時間認真整理那份尚未取名的書稿，裡面是我多年擔任運動員、武術家的隨筆與看法，還有受到教授以及現在的大師所啟發的一些更廣泛的主題。我不是照抄他們的教導，而是努力從日常生活的語言中創造屬於我自己的表達方式。當時我還沒有想到要加入我的個人生活，但雛型已逐漸成形。

無論在什麼樣的環境，我都熱愛教學，只是我所感興趣的內容與規模擴大了。回想起大師曾與我們分享的一句來自印度聖者馬哈希的話：「我給人們他們想要的東西，直到他們渴望我想要給他們的東西為止。」我仍持續在教授特技技巧，但我發現，每當學生對「將運動視為一種專精之道」表現出興趣，我就會獲得極大的滿足感。

有人寫信給我，說自己有多麼喜歡閱讀大師的第一本書，但是有點擔心自己充滿「複雜化與障礙」，以及缺乏「感覺注意力」。

我的回答使用的是社區的術語，顯示出了我當時的心境，證明我確實破釜沉舟，全然融入我所追隨的任何道路或人：

別擔心，做好分內的事，才能讓自己釋放出平靜所需要的感覺注意力。你永遠無法做到完美。只要好好利用任何的生起作為「薩達那」（sadhana，靈性修練）即可。事情順遂的時候，就算是笨蛋也能夠快樂。透過記住那些所有表面的複雜、夢中事物之下的「如是」樣貌，練習在不合理的情況下快樂。讓「了解」成為你的首要之務。

沒有其他人會讓我們生氣或高興，悲傷、害怕或興奮，無論外在看似多麼像是如此，都是一樣。是你和我創造出關於實相的意義與詮釋。如果有人來敲你門，給你一張一百萬元的免稅支票，你可能會高興得跳來跳去，但你其實可以在他敲門之前，就體驗到同樣的快樂。那個敲門的人只是給了你一個理由。

靈性生活的重點是找到一個你永遠能夠，而且原本已是快樂與自由的地方，那是你做了些什麼去阻礙快樂與自由之前的所在。那就是為何「了解」是如此重要的原因。除非你和我都能看見自己所有的習慣性傾向，然後超越它們，否則靈性生活仍只是個知識上的概念、一個信念，一種懷抱希望但流於機械化的修習。

就某種意義上而言，我這是在寫給我自己，為自己而寫。重讀這封信，讓我不禁莞爾，想到了幾句諺語，貼切地形容了我當時扮演的那個跌跌撞撞的角色。有句合氣道諺語說：「學一天，教一天」。換句話說，即使是初學者也能藉由傳授自己剛學到的東西而讓自己和他人獲益。還有一句流傳在醫學院實習生與住院醫師間，有關手術的諺語：「看一個，做一個，教一個」。事實上，我正在試驗一個新角色——邊看，邊做，邊教。

時過境遷

住在克雷蒙街的日子轉眼過了一年，我白天的時間大多花在寫作上，晚間則從事兒童與成人的特技教學。喬伊和我偶爾會造訪聖所，但其他時間並未與社區接觸，因為我更專心在處理世俗的事務。後來，年底的時候，我們依依不捨地告別了克莉斯汀，搬到灣區另一邊的柏克萊山靠近玫瑰園的一間地下室公寓。

一九七八年春天，我應徵了柏克萊的女子體操隊教練職位（雖然我不再迷戀有競爭力的強大隊伍，但我需要一個符合才能與教學經驗的工作）。前往面試途中，我買了兩疊打字紙，因為我的那份手稿後來分割為兩本不同的書。第一本書的靈感來自我身為運動員與教練那些年的經驗，已接近完成，而我還在發展中的第二本書，取名為《深夜加油站遇見蘇格拉底》。

擔任柏克萊女子體操隊的教練比我想像得還要難。我們沒有專屬的練習空間，每次練習都必須從頭設置所有的設備，結束時再全部拆卸分解。我盡我所能地幫助團隊，但第一年的賽季以普普通通的表現收尾。

在跑過草莓谷的野外小徑後，喬伊和我參加了總長十二公里的「海灣碎浪路跑活動」（Bay to Breakers），從海灣一側的渡輪大廈出發，往北跑向心碎山丘，再往正西方穿越舊金山，投入大洋灘海浪的懷抱——在這場瘋狂的路跑活動，有人打扮成蜈蚣，有人變裝反串，有些人乾脆一絲不掛！那年夏天稍後，我們的目標是完成第一場的舊金山馬拉松，結果我們在賣紀念T恤的卡車都快收攤時才抵達終點。儘管現場並沒有多少觀眾見證我們的勝利，我們仍然相當興高采烈，卻也精疲力竭，只能勉強抬起手臂與對方擊掌。在那之後，喬伊持續熱衷於越野跑步，我也會跑步，但大部分的精力都放在改寫並修潤那兩份書稿。

收穫滿滿的日常作息

那年夏天稍後，房東想賣掉房子，我們只好再次搬家，搬到柏克萊平原一個車庫改裝的套房，一個安靜又溫馨的小窩，我們的家具是喬伊用泡棉和布料製作的沙發，以及我打造的一張高架床。待在這裡的一年，也是我執教的第二年，我們逐漸建立起一套高效的日常作息模式：喬伊會在上班前跑步，我在早上八點到中午的時間裡專心一致地寫作，然後再前往女子體操隊。

《全身健身法》（*Whole Body Fitness*，暫譯）的原稿修潤完畢後，我陸續將它寄給許多間紐約的出版社，但每次書稿都被原封不動退回，也沒有任何附註，唯一回信的是位助理編輯，他特地用潦草的字跡在包裹上寫著：「本社只接受文學經紀人寄來的稿件」。於是我翻查電話簿，找到了舊金山的一間拉森—波瑪達經紀公司。讀過我的書稿後，麥可和伊麗莎白寄給我一份一頁的經紀合約。

幾個禮拜之後，我坐在體育室的辦公桌前，經紀人突然打電話給我，告知我紐約的王冠出版社願意支付我五千美元（換算成今天的幣值大約兩萬美元）的預付版稅。我成了專業作家了！我依然記得麥可·拉森（Mike Larse）送給新手作家那句永垂不朽的忠告：「先別辭去你的正職！」

儘管有些快樂時光，但我擔任女子體操隊教練的第二年卻是另一段辛苦的上坡路。就在這一季即將結束，團隊將器材整理打包後，我獨自坐在一疊墊子上，思考著一個問題：在這樣的處境下，佛陀、耶穌或蘇格拉底會怎麼做？一個內在聲音回答我，小子，他們不會落入這種處境。我必須面對一個事實，就是我的心已經不在執教上了，因此，儘管我的文學經紀人給我充滿智慧的忠告，我還是辭去了正職，並告知體育室主管我第三年不會回來了。（接替我工作的教練是一名女奧運選手，只執教了一年。）接著我聯絡了歐柏林學院的住宿事務長，應徵宿舍總監的職位，並表明我們渴望重返歐柏林社群的心意，那也是我們相遇的地方，而且已經準備好拋下我們目前的社群生活。

隨著《全身健身法》一書逐漸進入付梓階段，原稿即將蛻變為一本書，我也開始再次改寫《深夜加油站遇見蘇格拉底》。

辛勞的果實

一九七九年七月初，當時我們正準備開車一路回到歐柏林，《全身健身法》正式上市，獲得不少好評（接下來的幾年，這本書將用三個不同書名重新出版，改名的次數簡直和大師一樣多，現在的書名是《身心精通之道》〔*Body Mind Mastery*〕）。

同時，我也完成了自認是最終稿的《深夜加油站遇見蘇格拉底》，那時我只用了一、兩頁描述我在加油站遇見一位和宇宙一樣老的老技師這件事——其餘內容讀起來就像一本非小說的自助指南。我將書稿寄給了經紀人，他在幾個禮拜之後便來電告訴我，這本書收到另一筆五千美元的預付金，這次是來自洛杉磯的出版社。我又驚又喜地接受了，當時喬伊和我正在打包我們的少數物品，裝進一部租來的小卡車，然後帶著樂觀正向的心出發前往歐柏林。第二本書的預付版稅讓我們有了一大筆現金入帳，我們還有免費的住宿，加上一小筆津貼。

新書的編輯稿在我們抵達後不久寄到了我手中。我拆開包裹，找出寫了評註與問題的頁面。我的編輯珍妮絲‧蓋勒格（Janice Gallagher）對這本書充滿熱情，但想要了解更多關於蘇格拉底的事，以及我和他之間的互動。我受到她的建議啟發，狂熱地一頭栽進書稿的改寫。喬伊擔起了所有的宿舍管理職務，我則每天將自己關在房間裡長達十八個小時，持續處在腎上腺素高漲的狀態，我根據自己的真實人生振筆疾書，添加與一位老寧靜戰士深夜會面的想像情節，為故事增添血肉。我在過去十年來累積的經驗與總結的洞察，都記錄在這些書頁間了。我將教授的骨骼按摩寫進去，改編了大師提出的「不合理的快樂」這一概念、他對矛盾、幽默與改變的看法，以及他的論點：「改變的祕密就是將你的精力專注在建立新事物，而不是對抗舊事物。」

然後，我將最終的最終稿寄給我的編輯。

黑暗的地平線

大師搬到夏威夷的一間新聖所時，喬伊和我也轉而對這位充滿狂慧的老師，以及那些可能導致他流亡海外的行為，做出更具批判性的評價。

我後來研究了許多靈性團體裡魅力超凡的領袖，是如何隨著時間走下神壇、因信徒的過度奉承而墮落的資料。就像溫水煮青蛙，一個人在個性上的緩慢改變經常難以察覺、容易遭到忽視或否認，直到無可避免的現實來臨。當代許多靈性導師的經歷就是我們的借鑑，而很不幸地，大師正是這種現象的血淋淋例子——這是個他始料未及的寶貴教訓。

雖然大師擁有非凡的靈性天賦，但他的重大惡習在早期即已顯露出跡象。這位充滿矛盾的靈性大師與優秀作家，大概也是個酗酒者、嗑藥者、好女色者，他和社區裡的好幾個女性發生過關係，在多重性伴侶關係的主張下，他還有九個「妻子」，其中一人還是《花花公子》的玩伴女郎。她是一個性情溫和的女子，原本和她男友一起來到聖所，但很快她就住進大師家了。

多年來，大師的活動一直在社區幕後祕密進行。我們都清楚他不是那種身穿白袍、進行道德說教的獨身禁慾者，也接受他不是個遵循常規的老師，並認為他的行為是為了幫助他的信徒，具有某種教育意義。我從參加過大師週六狂歡夜宴的可靠目擊者那裡聽到過一些故事，一些大師核心圈子的人和被受邀的客人會作為來賓，參加他的瘋狂活動，在這些活動裡，只要有他在，所有條約都不必遵守。可靠的消息來源指出，大師曾指示信徒和他、和彼此發生性行為，進行密教性愛狂歡，然後讓其他歡宴者在旁邊觀賞，菸、酒和其他藥物在宴會中隨意取用。

我難以斬釘截鐵地說，這種肆無忌憚玩樂的鬧劇是一種探索或一種剝削。我只記得聖所裡的每個人都被要求，禮拜天早上經過大師的住所時要特別安靜，才不會打擾到他的睡眠。

大師造訪北加州的舊聖所時，我注意到他的容貌改變了——身體更圓潤了一些，臉色也變得較黯淡，彷彿歷盡滄桑。他開始斷食，進行各式各樣的淨化與治療，在一次演講裡，他提到自己藉由反映出信眾的次等行為而做出偉大犧牲。

在一九七〇年代與八〇年代早期那種追求改變的氛圍下，我們踉踉蹌蹌地前行，在微弱的暗影間摸索著通往光明的道路，我們與大師的緣分便是在那樣的特定時間與地點，在一群善良信眾們組成的社區裡展開的。

多變的命運

我撰寫《深夜加油站遇見蘇格拉底》的目的是橋接生命中常規與超越的維度。由於這本書融合了自傳與虛構的元素，我的編輯建議副書名為「一個基本上真實的故事」，這雖然是個聰明的點子，但連鎖書店的採購人員不知道該將它擺在書架上的哪一區——小說或非小說，還是宗教、心理、哲學、形上學、超自然，或其他既有的靈性傳統類別。這導致獨立書店只賣出了區區數千本。儘管我的編輯收到了一些熱情讀者的來信，但出版社拒絕再印製平裝本[11]，因此版權又回到我的手上。

大約同一時間，我得知《全身健身法》大約銷售了四千本之後，也面臨了絕版的命運。身為一名在學生運動員、教練與大學教授時期都嚐過成功滋味的我，現在淪為兩本絕版書的作者。我問經紀人是否能聯絡其他出版社，他給了我一個標準建議：「再寫一本書吧，丹。如果新書賣得好，或許就會有人想看你其他的書。」

於是我挑了幾個半生不熟、尚未成型的寫作點子，隨意玩味了一番，但我的心卻無法真正投入，因此我每週用幾個晚上來練習合氣道，並協助喬伊處理宿舍事務。

我們在歐柏林的兩年，加上我之前在那裡擔任教職的時光，一直在我記憶中佔據了非常特殊的位置，在我遊蕩至柏克萊那座老舊加油站後的十四年間：我遇見了喬伊、磨練了教學技巧、完成了《深夜加油站遇見蘇格拉底》，也見證了我們的女兒席亞拉（Sierra）的誕生。

然後，最耐人尋味的事發生了：《深夜加油站遇見蘇格拉底》依然流通在外的少數精裝本，逐漸累積出一些口碑。然而我卻有將近十年的時間沒有再寫另外一本書，直到環境迫使我這麼做。

生活仍要繼續

一九八一年春天，我們兩年的宿舍總監職位告一段落，喬伊、年幼的席亞拉和我回到了舊金山灣區，這次搬到了馬林郡。我們沒有任何想要再見大師的想法，當時他大部分的時間都待在夏威夷，但我們在聖拉菲爾仍有些社區的朋友，我也在那

11 美國出版社的銷售策略通常是先印製較貴的精裝本，待銷售趨緩再印製平價的平裝本。

裡的一間管理培訓公司找到了文字處理操作員的工作。一年後，因為公司縮編的緣故，那份工作結束了，我另外在一間房地產公司找了一份朝九晚五的資料輸入工作，然後週六晚上做一份兼職工作，大多數平日早上六點在一間聖拉菲爾的律師事務所處理超量的打字工作。

後來，在我不斷轉換的正職工作中，其中一個是在一間新創身體工作學院裡擔任行政職務。我的任務是招募當地一些有興趣擔任模特兒，讓學生在創辦人的監督下練習的人。一個禮拜五的午後，我不斷逼迫自己在自己設定的截止日前達成目標，我壓力很大，要趕著在喬伊和席亞拉來接我一起共度週末之前打完電話、填完表格。我呼吸急促，感覺壓力爆棚，開始頭痛了起來。

就在那時，我望向窗外，看見一片雲緩緩飄過，乘風而行，從容不迫。我做了一次又深又長的呼吸，放鬆全身。我當下覺得自己就像那片雲一樣，以平緩而不急不徐的步調準時完成了工作。我們的老師無處不在，我心想。那是第一個洞見。而第二個洞見是我領悟到：即使我在阿里卡做了那麼多的深度放鬆與呼吸練習，要完全整合並應用我的所學，並在日常生活中具體表現出來，其實需要好幾個月或好幾年的時間。

我們的家完整了

席亞拉現在已經兩歲了，很喜歡從書架抽出一些書，打開來看。由於大師的書就在她唾手可得之處，所以她好幾次都打開同一本書，盯著裡面某張大師坐著凝望一個超然之處的照片看。

我問席亞拉她在看什麼，她說：「在看鳥。」

喬伊和我都對這個可愛又令人費解的回答莞爾一笑。一九八二年的秋天，喬伊為我們的第二個孩子積極備孕。為了讓席亞拉有心理準備，我們給了她一隻毛絨小玩具，是一隻肚子裡塞著貓熊寶寶的貓熊媽媽，用以向她解釋媽咪肚子裡也有一個寶寶，寶寶生下來後，席亞拉就會多一個新的妹妹或弟弟！她似乎聽懂了，但很難確定她是不是真的懂了。

有一次晚餐時，我問席亞拉她變成一個小女孩前是誰，她回答：「我是個寶寶。」

「對，但妳變成一個寶寶之前在哪裡呢？」

「在媽咪肚子裡。」她說。

然後，我一時心血來潮，繼續問：「在媽咪的肚子裡之前，妳在哪裡？」

她不假思索地說：「看鳥。」不知何故，席亞拉將大師的凝望與她被母親懷上之前的位置聯想在一起了。

後來，喬伊回想起自己在生席亞拉的分娩過程裡，不斷做著拉梅茲呼吸法，準備好用力時，她刻意凝視著附近面紙盒上的圖像，而那張圖正是一張飛翔中的鳥。

一九八三年二月一個暴風雨的夜晚，喬伊在助產士的幫助下，在自家臥室生下了我們的第二個女兒，我們將它命名為琪娜（China）。生產不久後，我抱著睡眼惺忪的席亞拉進房間，讓她與剛出生的小妹妹碰面。她用充滿驚奇的眼神看著琪娜，或許在想著這是在做夢吧。

幾週後，我創立了「租個教練」（Rent-a-Coach）公司，一個結合我身為運動員與教練專長的新事業。身為私人健身教練，我會開車到客戶家裡，然後帶領他們完成一套客製化的鍛煉計劃。這段時間，已經長成青少年、在草谷忙著自己生活的荷莉也會抽空來探望我、喬伊，和她的兩個繼妹妹——儼然是我三個女兒們的溫馨聚會。

疏遠與離開

一年又一年過去，喬伊和我依然以「工作上的朋友」身分和大師的社區保持著聯繫，這讓我們的女兒能就讀社區的學前班與幼兒園，那裡的老師似乎全心全意投入在培育孩子的工作上。孩子們能聆聽或閱讀一些來自不同傳統文化的男性和女性聖者故事，八歲的席亞拉在兩位印度聖者阿南達瑪依·瑪（Anandamayi Ma）和薩拉達·德維（Sarada Devi）身上找到了正面的榜樣。而仍在學前班的小琪娜也受到了啟發，有一天早上醒來時竟唱著「達大師，他喚醒了我！」我們家的女孩們都受惠於激勵人心的人物故事，這是她們在一般學校不會接觸到的，所以我們可以理解為何有些天主教徒、基督徒，或猶太人父母會更喜歡教會學校。但也可能有黑暗的一面，施予孩子們的靈性教導很容易淪為一種灌輸，而非真正的教育。

喬伊和我主要是因為想見見一些老朋友，便參加了幾次在馬林郡舉辦的週日聚會，現場感覺像是帶有印度教色彩的宗教聚會。在一次的聚會中，我們很高興地看見一幅新的鑲框照片，裡面是一張空椅子，代表著真正的大師是無名的聖靈，任何人都可以與之交融。每個家庭都收到指示，將這張空椅照放在個人的靜心區域，用以我們神性無形無相、無所不在，這與大師最初的教導一致。

不過，就在一個禮拜後，事情突然出現意外的轉折，我們被告知，要將空椅的照片換成大師本人的照片，他又一次成為崇拜對象，坐在原本的那張空椅子上——這個大逆轉令人相當失望。大師不再是個鮮活的臨在或是普世的老師，他現在似乎不再是我十年前初次遇見的那道光了，而是那道光下的扭曲、晦暗陰影。那是我們兩人最後一次參加社區聚會。

不久後，我們便將女兒轉學至當地的一所蒙特梭利學校，她們在那裡成長茁壯。

文學的復活

一九八二年夏天，我在參加一場週末的神經語言程式學（NLP）研討會時，將一本精裝本《深夜加油站遇見蘇格拉底》贈送給一位年長女士，因為她表示自己對「那類書籍」很感興趣。她後來告訴我，她讀完之後又將這本書借給自己七十歲的朋友海爾·卡萊姆，他是一位退休的出版商。讀過我的書之後，卡萊姆先生決定用小額資本創立一家新的出版社，這間小出版社打頭陣的第一本書，就是我的書。

他邀請我一同午餐，詢問我是否願意讓他重新發行這本書的平裝本。現在我有經驗多了，加上之前每本書我都獲得五千美元的版稅，於是我問他：「你打算付我多少預付版稅呢？」

「嗯，一百美元如何？」他回答。

「嗯……那你計劃花多少錢在行銷推廣上？」

「我會寫信給連鎖書店和獨立書店，向他們介紹你這本書出了新版平裝本。」

「那麼，你的出版社有多少員工？」

「目前，」他回答，「只有我一個。」

聽了海爾這番平淡無奇的提議，我只考慮了五秒就伸出手和他握手。「就這麼說定了。」畢竟，那是我四年來獲得的最佳（以及唯一）報價。海爾．卡萊姆寄了一份簡單的合約給我的經紀人，他強烈建議我拒絕。

儘管如此，我還是簽字了，這個單憑信心做出的舉動，讓我與海爾在接下來的好幾年間慶幸不已。身為一九六〇年代天藝出版社的創辦人，海爾非常了解人類潛能運動的發展與變化。他了解我的書及其讀者群。當我將自己收到的一疊讀者信件拿給他看，信裡幾乎都道出了同樣一句話，海爾便決定將副書名改成更煽動性的：「一本改變生命的書」。

海爾花了一年多的時間才說服大型連鎖書店在每一間書店擺上一本書。他採取土法鍊鋼的方式，每碰到一個人就給他一本書。這本書的讀者群雖然不算多，卻都給予了熱烈反應，而且欲罷不能。幾個月之後，口碑仍在繼續累積。不知何故，我書中那些反映自己多年來的追尋與研究的字句，感動了讀者的心靈。這一次，這本書的時刻終於來臨。

喬伊的回憶

我們開始收到較多針對《深夜加油站遇見蘇格拉底》的來信時，許多人都問了類似的問題。我突然有個想法，就是丹可以製作一卷錄音帶，解釋他教導裡的基本要素。於是他錄製了一個九十分鐘的節目，名為「日常生活的寧靜戰士」。我們寫了單頁式的介紹，介紹這個錄音節目與丹所設計的新工作坊課程。

之後，幾乎每天都有訂單進來。那個錄音節目不但回答了多數人的問題，也幫我們支付了日常用品的開銷。

我們停留在達·自由約翰的社區的時間比預期長，只是因為要讓女兒就讀社區的「大智慧學校」，當時我們以為那會是個獨特的教育經驗，不過隨著更多關於達·自由約翰的醜聞爆出，我們便不想再讓女兒或自己和這個社區有往來了，這也使得離開的決定更加順理成章。

公開揭露

一九八五年，一對前社區信徒和社區幹部的夫妻控告大師性侵，《舊金山紀事報》（*San Francisco Chronicle*）也爆出一篇標題為〈性愛大師〉的文章。即便如此，有些社區成員仍為大師辯護並無視這一現實，他們要不深信所有指控都是遭到渲染的謊言，要不就是認為大師的行為早已超越世俗的傳統道德規範。不過，那就是走向終點的開始。為數可觀的弟子紛紛離開大師身邊，因為親友擔憂他們的身心健康，而且性愛大師的標籤越來越受到公眾的矚目。

從那時起，大師便離開夏威夷，搬到位於斐濟小島的僻靜所，並在之後數十年間過著隱居生活，只有幾位欽定的信徒能拜訪他。不過，早在大師離開我們之前，喬伊和我在身體和情感上就已經向他道別。

在二元對立的世界裡，我們傾向於將人分為好人或壞人、善或冷酷、明智或無知，這也包括了靈性導師。然而在真實狀態裡，這些矛盾面向是共存的，而非互相排斥的。在許多方面中，大師的行為舉止確實像個瘋子，儘管同時他仍持續創作出令追尋者趨之若鶩，也受到學者讚賞的著作。

是的，在他益加怪異的行為與神聖的狂妄裡，大師利用狂慧作為超越俗世的免死金牌，卻忽略了一個事實，就是在世俗世界裡，某些規則仍須遵守。如同史懷哲（Albert Schweitzer）曾寫道：「以身作則並非影響他人的主要方式，而是唯一方式。」大師似乎不像上述那樣以身作則，而是在「照我說的話去做，而不是照我做的去做」這一原則上運作，如同甘地曾說過的名言：「我的一生就是我要傳達的訊息。」這看來不僅虛偽，也很愚蠢，即使是對那些願意相信大師的祕密狂歡宴會是一種密教教導或一種性與情感淨化方式的人而言，都是如此。

如果智慧能賦予一個人預見其行為的能力，那麼至少大師是欠缺智慧的，或者以最糟糕的情況來說，他還是個剝削他人、自我耽溺的性虐者。

每當有社區成員著涼或感冒，他們便會歸功於大師的恩典；當他們痊癒時，又是大師的恩典。包括主流宗教團體的任何教派成員，只要他們相信任何牧師、神父、拉比、老師、治療師或大師的一言一行都是有益的覺醒，他們便陷入了容易受到剝削的處境。

大師曾經是個年輕、雙眼炯炯有神的靈性老師，如今已將近五十歲，過去茂密的頭髮也幾乎掉光，他的表情變得萎靡，圓潤的臉龐和身材反映出他縱情享樂、甚至放蕩的生活方式。羅傑尼希（Rajneesh），又名奧修（Osho）或巴關·羅傑尼希（Bhagwan Rajneesh），還有瑜伽修行者巴揚（Yogi Bhajan）、斯瓦米·穆克塔南達（Swami Muktananda），以及許許多多的瑜伽與佛教大師，縱然擁有非凡的個人魅力與天賦，也都一一跌落神壇。有位信徒是這樣描述穆克塔南達的（與大師有驚人的相似之處）：「一個開悟的靈性老師與修行者……也和許多弟子共同做了不合乎倫理道德、法律或人身自由的活動。」因此阿迪·達（Adi Da），後來以此名號為人所知的大師，在從明智導師到怯懦的剝削者這段登上頂峰又摔落的旅程上並不孤單。

如同我一位朋友，也是前社區成員對大師的評語：「他是個偉大的靈性大師，同時『戒酒匿名會十二步驟療法』對他也會很有幫助的。」有些標榜狂慧的老師，就像阿迪·達，時日一久，只表現出越來越多的瘋狂，智慧反而越來越少。

大師逐漸墮落的其中一個例子是他越來越常在寫作裡強調一些詞彙，推測是要傳達充斥在他作品裡的「**偉大的超越**（Transcendent）」（而非一般的小超越〔transcendent〕）概念。他在生涯後期所著的《蒙愛者，我是達》（*Aham Da Asmi*，暫譯）一書裡有一小段呈現出這些誇大做法的極端例子：

> 那些聽**不**見且**不理解我**，那些聽**不**見且**不回應我**，（**因而**）**對我**沒有信心的人，也（**無法**）了解**我**。因此，他們（**藉由自己對我的成見而自我限制**）**繼續**受到**小我**的**束縛**……。

在這些事情被公開揭露之後，我們有些朋友認為我和喬伊加入邪教了，從某個觀點來看，這也不算太偏頗。但在大師的早期作品裡，他曾用一種機智而清晰的方式評論過這個議題，提醒我們如果將邪教定義為一群對某個老師或其他權威，或一個樂團、運動員、政治理念等擁有同樣熱忱的人，那麼會有數百（甚至數千）個大大小小的邪教出現這個現代世界，包括基督教、佛教、伊斯蘭教和猶太教等幾個主流教派。

「重要的不是一個群體是否為邪教，」大師解釋，「而是該團體是屬於破壞性、強迫性的，還是自願的、勵志的。」

接著他說，「你會知道這個社區不是什麼窮凶惡極的團體，因為要進來不容易，要離開卻很容易。」他這番話倒是真的，只是將信徒與他們選擇的導師緊緊繫在一起的細繩，是一條鋼索般堅固的心理繩索。

斷開鋼索

許多靈性團體所宣稱的偉大任務，通常是藉由喚醒足夠多數人的意識來拯救人類文化。教授的學校與大師的社區都以類似的詞彙表達出這樣一個任務——也就是唯有藉由領悟到人類本質上的一體，才能減輕或消除那些妨礙我們的分裂、戰爭與政治鬥爭，進而創造出一個平和且富有生產力的社會。這個高尚的目標就在人類成熟的頂峰上等待著我們。然而，在我們當前的意識狀態和那座頂峰之間，我們還必須穿越一座沿途充斥著否認、恐懼與其他挑戰的黑暗森林。理想是我們努力的目標，而現實則反映出我們當下所是與狀態。

我曾見過，也研究過一些邪教如何熱烈歡迎那些求知若渴的新信徒，投以所謂「愛的轟炸」，例如大量的微笑、擁抱、關注、情感等。一些團體，例如「靈性內在覺醒運動」（Movement for Spiritual Inner Awareness，簡稱ＭＳＩＡ）與「山達基教」（Scientology）也都會提供深具啟發的精彩初階課程，以吸引好奇的追尋者投入其門下，然而時日一長，同樣的團體也可能變得越來越黑暗，並且難以離開。

妨礙離開的因素可能包括其他成員的干預，例如用暗示或實際威脅的方式，以及操弄、放逐，有時甚至是限制行動。

據我所知，大師的社區並未發生過這些事。

實際上，當時我們要離開是相當容易的。信徒可以直接搬出家庭，回歸較簡單基本的日常生活，但大師並未認知到成員在離開時面臨的心理波濤——那條可能還束縛著幻滅成員的鋼索，是一條由他們與大師（以及與社區老友、家庭室友）的關係構成的鎖鏈。

與一位大師或啟蒙老師的連結並不是件小事。許多追尋者改變了自己的生活與環境，做出重大犧牲，甚至搬到離家半個地球遠的地方，拋下家人與朋友，只為了和他們的導師在一起（如同耶穌鼓勵他的信徒所做的那樣）。他們之所以這麼做是因為他們全心全意相信，大師是通往覺醒最好的，或是唯一的、真實的道路。（沒有追隨者會深信他們找到的是一位次好的大師。）那些離開的人重演了亞當與夏娃離開伊甸園的一幕，感覺自己背叛了神，錯過了通往救贖的最後一班列車。

達·自由約翰自己曾提出為何有些人會離開的四個理由：要不就是他們發現大師、大師的教導或社區的缺陷，要不就是他們相信錯在他們自己，他們不適合這樣的生活方式。但是在加入社區將近八年的時間裡，我從未聽過大師說過的第五個理由：單純只是因為對他們來說，這是最明智的選擇。

「自尊自重」在大師的社區裡是件稀有商品，在許多宗教裡也是，因為它們將成員視為罪人或迷途羔羊，需要透過中介的權威機構、神聖經典、體制、哲學或神職人員，才能獲得拯救與解脫。他們自認為更優越的智慧，讓他們比我們自己更清楚什麼是對我們最好的。

這種模式一再重複發生，而同時仍有一些靈性領袖的脫序行為仍藏在暗處，不為人知。

沿途的指標

作家伊麗莎白·雷瑟（Elizabeth Lesser）曾建議她的讀者，要留意靈性教誨與大師行為之間的不一致。

作家、心理治療師與老師史蒂芬·鮑地安（Stephan Bodian）則鼓勵追尋者要信任自己的直覺與常識，提出問題與質疑，並設下堅定的界限，要有耐心，檢視自身家庭的問題（因為許多追尋者來自有酗酒者或功能不健全的家庭），避免與靈性導師發生性關係，並且淡化「神通力」（Siddhis）[12]或是任何外顯靈性力量的重要性。他亦列出了好老師的幾個特質，包括謙遜、鼓勵學員的自主與探究能力、直接、誠實、真誠無偽、清明、身教重於言教、表現出慈悲心與仁慈之心等。

這些重點提醒幫助我避免涉入其他充滿魅力卻令人懷疑的老師或團體，例如山達基教、奧修莊園城（Rajneeshpuram）、天堂之門（Heaven's Gate）、神之子（Children of God）、大衛教派（Branch Davidians）、吉姆·瓊斯（Jim Jones）與其人民聖殿教（Peoples Temple）、約翰·羅傑（John-Roger）的靈性內在覺醒運動，以及其他新興團體。許多善良的追尋者深受這樣的組織吸引，以及追隨如斯瓦米·穆克塔南達、瑜伽修行者巴揚這類大師及其他靈性領導者，他們最初可能立意良好，但後來卻各自以不同的方式誤入歧途。

找出前進的道路

經過了二十年的準備，不斷學習如何整合身體與精神的範疇，傳達我自己教導的時間終於到了，那就是：「寧靜戰士之道」。

當時我已經將注意力轉至家庭，以我多年來收穫的原則與觀點作為基礎，過著

12 梵文，亦音譯為「悉地」，指成就、妙成就、功力的意思。

平凡的生活。學習一直是比較容易的部分，將這些原則實際運用在日常生活中則是更具挑戰的部分，但是經歷了阿里卡訓練與在大師社區（進進出出）多年之後，喬伊和我也算有一個很好的開始。那是一段我們一起完成的歷久不衰之旅。

我們過著簡樸的生活，量入為出，常到大型二手商店添購家具和衣服。我們那臺黑白的小電視機與錄影機是放在裝水果的木箱上，而且我們不止一次將身上零錢湊一湊，在孩子們都睡著後偶爾去租錄影帶來看。但是《深夜加油站遇見蘇格拉底》與日漸龐大的讀者群鼓舞了我們，加上錄音帶的銷售也多少補貼了我私人教練服務的收入。

當時我沒有著手創作更多作品的計劃，因為我覺得自己已經充分表達了我想要分享的東西了，但是在一次創意計劃裡，我開始著手進行《深夜加油站遇見蘇格拉底》的劇本改編，並隨著每一次的修改而學習到更多。現在，我能在簡單的事物中發現意義，我不再瞻前顧後，而是直視上方，在需要幫助的時候充滿信心，也許解決之道會在偶然的情況下，或藉由恩典而突然出現，但這一切的前提是——我必須先將舞臺搭設好、將基礎打好。

在與大師為伍的日子裡，我幾乎熄滅了存在於自己和每個人內在的神聖火花。

不再依賴、跟隨神聖權威而活之後，我必須重新學習如何信任自己的內在智慧。這種感受與需求就像一股渴望、一則祈禱、一個提問那樣在我心中生起。和我大多數真誠提出的內在問題一樣，答案總是會以另一個蓄勢待發、出人意表的心靈導師形式出現。

與蘇格拉底的對話

所以，你經過這麼多年才學到關於追隨某個「神人」的教訓。

「你不能再像這樣偷襲我了！」

我從沒離開過。我一直在待命，耐心等候。

「從我們上次的對話之後？」

在過往所有歲月裡。

「那你為何不說些什麼？不給我一點建議？你對這很在行的。」

事情不是這樣運作的。我在此不是為了讓你信任我。我這此是要幫助你信任你自己。

「如果我連自己的繆斯都不能信任，那還能信任誰？」

那麼，丹，你從追隨大師的經驗裡學到了什麼？除了讀他的書與研究他的教導之外。

「他是個活生生的矛盾——一個更高智慧來源，但其墮落和誇張的行為卻是最差的示範。」

或者也是一個很好的範例，告訴我們可能會發生什麼事？

「你知道的，老蘇，要將大師描繪成一個江湖術士的樣子很容易，但是他在巔峰時期那些年確實光彩煥發，而且真的吸引了一些希望能與更高層次連結的品格高尚之人。」

正如你說過的，丹，所有的老師都是人，而所有的人都有瑕疵。無論是男聖人或女聖人，無一例外。

「但是目睹一個人從靈性大師的高峰跌落至沒落的棄世隱居者，還是讓我感到非常傷心、失望。不過，讓我好好整理一下我的思緒——」

祝你好運啊。

我無視他的評論，繼續說：「我想我能了解教授那些內向式靈性訓練，以及放棄自己的權力與評斷、臣服於某個大師或其他權威人物這兩種方式的極限在哪裡了。任何道途是否可行，都取決於學生的敞開程度，成功與失敗也取決於道路上旅人的準備程度。是否準備好，是否一定程度地敞開，似乎比選擇什麼特定道路更重要。」

所以，你現在要從事自己的教學工作——

「就像你知道的，自孩提時代開始，我就在以各種不同形式在教學，有時是和朋友練彈翻床，有時是練體操。但我已經開始針對更大的主題發表看法。」

破繭而出，長出翅膀——

「我不會這麼形容啦——只是我的興趣拓展了一些。但我幹嘛跟你說這些？你已經察覺到——」

是啊，但反思總是有些用處……

「重點是，我不是只教自己從大師，或他之前的教授那裡讀到或聽到的內容，我只保留最實用的洞見，並捨棄其他的。這種工作方式類似於我多年來一直在做的，從讀過的一萬句語錄裡面，精選出那些指向人類處境的話——」

任何老師所能做的就是如此——提供自己的觀點、觀察與提醒。讓它們實用一點，務實一點。

「這就引出了一個問題：生活中的超越面向是什麼？那是我追隨教授，然後是大師時一直在尋找的。」

超越的境界有它的位置，永遠會是如此。同時，你必須處理此時此地的事。

「好比拉姆．達斯曾說過的，追求宇宙至樂時也要記得自己的郵遞區號這個概念——」

這個世界每天都在提醒我們。老蘇若有所思地說。

我嘆了口氣。「這世界有時候是很辛苦……」

當然，但如果你不願意扛起任何重量，就無法變得更強壯。

「就像靈性舉重。」

每天都要做。那麼，丹，追隨了教授，又經過與大師在一起的這些年，你最終想出一套計劃了嗎？

「我從來不做計劃——現在還是不做。好比那句俗話說的：『憑信心而不憑計劃過生活』。我又是誰，怎麼可能知道應該發生什麼，或什麼才是對我最有益的呢？我只知道無論是何原因，我迫切渴望分享我的所學、所見……」

衡量老師的標準就是學生——

「我也相信。現在我只需耐心等待，看看事情會如何發展就好了。」

對現在來說，已經很不錯了。永遠關注現在……

然後回歸了沉默。

第十一章
武僧

最美好的冒險，都不是我們自己去尋找的。

——羅伯特．路易斯．史蒂文森（Robert Louis Stevenson）

一個禮拜天傍晚，我的電話響起。我拿起話筒，一位名叫萊妮的女子先是自我介紹，然後邀請我參加那禮拜稍後的一場免費演講，講者的名字是麥可．布肯德（Michael Bookinder），根據她的描述，他是一位結合武術、治療與實踐哲學的老師。她又說：「他讀過你的書《深夜加油站遇見蘇格拉底》，希望和你見個面。」

基於禮貌，我向她道謝，說我會查看行事曆是否有空。她的描述雖然十分吸引人，但我已經沒興趣再和另一位老師見面，於是就將她的邀請拋諸腦後了。

幾天過去，喬伊說：「那位武術老師今晚不是要在女子俱樂部演講嗎？何不過去瞧瞧？」

當時我早已忘記這件事，但既然孩子們都睡了，喬伊也還有些記帳工作要做，我順手抓了外套便驅車前往距離我們不遠的女子俱樂部。門口一位面帶微笑的女士發了兩張傳單給我：一張是名為「三個自我」的晚間研討會，另一張是為期兩個週末的「武僧訓練營」宣傳單。大約有二十個聽眾分散坐在屋裡的折疊椅上，我找了個位子坐下。

當麥可·布肯德踏進房間時，後方傳來一戰騷動。他是一位有著運動健將外形、身材苗條、大約和我同齡的男子。他有著深色頭髮，蓄著短短的深色鬍子，額頭綁了一條紅色頭巾，穿著黑色武術褲與印著紅黑相間標誌的黑色T恤，加上尼龍賽車夾克，為這個「靈性麻辣鮮師」的形象添上畫龍點睛的效果。我心頭一震，他是我可以理解的類型，那種可能成為最好的朋友或最危險對手的人。當他環顧四周，眼神短暫停留在我身上時，我出現一種奇怪的熟悉感，彷彿正在看著一個失散已久的兄弟。

他描述著一個他稱之為「搜救行動」的全球性機構，其主要任務是拯救迷失的靈魂，包括那些忘記自己生命意義的異數。我不禁想：我會不會是其中之一？

接著他重點描述了幾個他提供的服務與研討會，包括如何辨識靈魂異數的方法——他在接下來的武僧訓練營裡將會介紹這些方法。他還描述了五花八門的在直覺層次上運作的信心課程，例如特技駕駛、持刀戰鬥等，為了教導我們如何在壓力之下讓心定下來。由於他的工作融合了武術與形上學，因此「武僧」（warrior-priest）這個稱呼似乎很適合他。

與教授和大師將目標設定為人類開悟的恢弘任務相反，武僧的工作發生在日常生活的戰壕裡。教授的各種地圖、模式與理論是屬於大腦的，而武僧訴諸的是本能層次的東西，他甚至沒有用到「開悟」這個詞，這正適合此時此刻的我。我很喜歡他給予的建議：「檢查任何你從我或其他人那裡讀到或聽到的東西，看看是否與你內在的知者有所抵觸。」

他侃侃而談，我也益發喜歡自己聽到的內容：他沒有要求我參加冗長又昂貴、跨越好幾個階段的課程，或是臣服於某個更高來源。他提供的是簡短、負擔得起、針對各種主題的演講，加上兩個週末的武僧訓練營，目的是幫助參加者在日常生活中準備好面對真實世界的挑戰。同樣令我驚豔的是，他還提供無條件的退費保證。

當有人提問時，坐在我後面的一名男子認出了我，對我竊竊私語：「丹，我聽說蘇格拉底是根據麥可·布肯德寫的，真的嗎？」

我也低聲回答他：「我的書是五年前首度出版的，而這是我第一次見到這位布肯德老兄。」

武僧的演講結束後，他的助理萊妮邀請我留下，和麥可多聊一會兒。武僧和我短暫交談了一陣，然後交換聯絡資訊。幾天之後，我邀請他到我家共進晚餐，那晚是他與喬伊初次見面，還為席亞拉和琪娜念了床邊故事。他的蒞臨與散發的風采讓我和喬伊都為之著迷。顯然他十分喜愛孩子，還告訴我他有多想念自己在二十年前的短暫婚姻中的兒子。我想到了荷莉，頗能感同身受。隨著時間過去，我發現麥可似乎能製造出一種極具傳奇色彩的刺激感與誇張的戲劇性。

幾天之後，我和幾位在洛杉磯和博德市協助武僧的支援小組見了面，包括一位肌肉線條分明的帥氣健身教練和武術家約翰，以及一位暱稱為A. C.的拉美裔女戰士。他們每位都神采奕奕、條理清晰，和我當初在教授和大師社區裡遇見的人一樣，令人印象深刻。

喬伊的回憶

雖然麥可．布肯德傳達的是形上學概念，但我發現他十分平易近人，也很務實，而且充滿自信與魅力。由於我從未見過奧斯卡本人，而且我所認識的達．自由約翰僅限於講臺上的模樣，所以麥可對我而言是個耳目一新的改變。你可以和他交談，他也會以直接而明確的方式回答你。

如同丹偶爾會說，麥可就像一位守護天使或大哥哥，需要他的時候他會在那裡，但不會擋住你的路。無論他談論什麼主題，似乎總是抱持著支持的態度，而且經常帶來啟發。他的學生看來從他的演講中獲益良多，對自己變得更加有信心。這正是我們經歷了達．自由約翰的社區生活後所需要的。

丹和我都察覺到，麥可只是我們生命中的過客。

三個自我

接下來的一個月，喬伊和我參加了幾次麥可的演講，隨後參加了他在一間私人住所舉辦的武僧訓練營，學員大約二十位。他透過他所謂的「速說」（raps）來呈現課程內容，也就是針對各種不同主題的簡短說明，提出清新見解，包括對靜心冥想與其他靈修（spiritual exercises，他稱為 SEs）、飲食與運動等。

接著他描繪出一幅簡單有力的地圖，涵蓋他的工作和人生，概念汲取自夏威夷的「卡胡納」（kahuna）[13] 教導。他將這份地圖命名為「三個自我」——三個各自獨立的不同意識面向。根據「胡納」（Huna）[14] 的宇宙觀，靈魂進入我們的時刻，是在孩子存活並呼吸第一口氣的那一剎那。除了靈魂之外，我們每個人都有三個自我，亦即意識的不同面向——高我、意識我，以及基本我。

麥可將「高我」（他宣稱可以看見）描述為一位「守護天使，有著漩渦狀光彩

13 為夏威夷語，泛指巫師、牧師，也指任何領域的專家，如醫師、藥師、工匠等。
14 為夏威夷語，意指祕密、隱藏的知識。

的發光生命體，往往出現在我們激發靈感或精神振奮之際。」

他解釋「意識我」，就是所謂的自我、小我（ego）或身分認同，其主要作用是適應今生的這一世。雖然「小我在靈性圈子裡的名聲很壞」，他指出古代若有人行為不端，他們會說「是惡魔叫我這麼做的」，而如今人們會怪罪「小我」，卻沒有意識到它是我們生命存在的必要部分之一。「當我們只認同『意識我』時，」他說道，「就會出現問題。」

基本我，也指潛意識，它與腹部或身體關鍵部位有關。麥可將它比喻為「一個強大的、約四到七歲的內在小孩。」基本我是透過自律神經系統運作的，它負責身體的維護。「和大多數孩童一樣，」他說，「『基本我』非常容易受影響、想像力豐富，而且喜歡玩樂。它喜歡幽默，享受愉快的事物。這有助於我們增強能量、動機與自信，也能藉由我們稱之為『安慰劑效應』的方式加速療癒。」

他又說道：「基本我在此是為了進化為意識我，而意識我在此是為了進化為高我。」這個三個自我的模型只是個模型——一如弦理論，或佛洛伊德的自我（ego）、本我（id）、超我（superego）理論，或榮格的阿尼瑪（Anima）與阿尼瑪斯（Animas）等。但是武僧的模型可以立即實際應用在日常生活上，我發現它比教授的心靈地圖更有用。

武僧的一部分工作包含了強化基本我，並打開基本我、意識我與高我之間的溝通管道。他解釋：「意識我如果主導或無視基本我的需求，內在小孩可能會變得叛逆，導致它自我摧殘、生病、發生意外，在極端例子裡甚至可能死亡。」他的意思是每個人偶爾都需要放縱一下，盡情享受一些廉價娛樂，一段假期便有助於維持基本我與意識我之間的關係。或許那就是大師熱衷於定期舉辦狂野週末派對的原因吧，我想。

武僧並非只是用理論說明基本我的運作方式，他也用戲劇性的故事呈現，而偏向本能的內在小孩相當容易被這類故事吸引。其中一個例子是：「幾年前，我正在倒車停車，有一輛停在我後面的車子對我按喇叭。我原本以為他只是誤按，便繼續停車。不料喇叭聲又響了，於是我走出車外，朝那位駕駛走去，詢問他是否有什麼問題。車窗搖下後，一把十二號口徑霰彈槍突然出現，直接對準了我的臉。持槍的人說：『滾開，馬上滾。』我趕緊回到車上，繞了一圈時，剛好撞見一個戴面具的男人衝出銀行，跳進那部車子，然後車子就加速逃逸了。那次事件之後，」麥可下結論說，「我問自己，如果那個車手扣下扳機——我有什麼未竟之事嗎？我想要感謝誰，或對誰說我愛他們嗎？」

武僧述說的每一個故事都像這樣——既充滿戲劇張力又深具啟發性，而這吸引了基本我的注意與支持。在另一個故事裡，麥可述說了一個名叫威瑪．魯道夫（Wilma Rudolph）的年輕女孩，她童年時染上小兒痲痺症，一條腿必須穿上支架才能行走，後來卻成為創造世界紀錄的奧運短跑選手，獲得輝煌的成就，這個故事徹底將聽眾心裡可能的任何藉口擋在外面。威瑪．魯道夫的故事是真實的，至於麥可個人的故事呢？嗯，無論是否實實在在發生過，它們通常是啟發性質的譬喻居多。

一個直接對基本我下工夫的實用方法，是將自己從所謂的意見之神手中釋放，好讓我們能加強自己與心靈之神（或內在知者）的連結。邁可指示我設置一個小聖壇，將我那小小的意見之神供著。接下來的幾週，每天早上我都必須跪拜這尊小神，大聲說出例如：「我敬拜您，喔，意見之神。我看起來還可以嗎？你是否贊同我正在做的事呢？」這個看似愚蠢的小儀式能將潛意識的傾向攤在覺知之光底下，幫助我克服對他人意見過分在意的問題。他建議我將意見之神取名為「沃德爾」

（Wuddle）[15]，像是「沃德爾會想什麼？沃德爾會說什麼？」

另一個簡單到像是搞笑的練習，是用來在自己搞砸時，停止苛責自己的壞習慣。每當我對自己感到失望，他就會叫我戴上一副卓別林的眼鏡，就是上面有一個超大鼻子、鬍子還有濃密眉毛那種搞笑眼鏡，然後去照照鏡子，對戴著眼鏡（或是任何愚蠢的喬裝道具）的自己，用任何我能想到的可怕字眼咒罵自己，覺察貶低自己這件事的本質有多可笑。

這些練習都包含了幽默的元素，深受孩子（還有基本我）的歡迎。這些技巧能帶來直接且實際的影響，幫助我了解基本我的力量與它的運作方式。我記得我當時這樣想：這就是我想要教的那種實用課。

基本我（內在小孩）既容易受影響，也是強而有力的，因此其信念有助於療癒身體，而它如何做到這一點，值得更進一步的研究。這份知識也幫助我了解催眠的運作方式，以及為何多數信仰與能量治療師、順勢療法治療師、針灸師、脊椎手療

15 Wuddle 是「What would」的連音。

師，以及其他包括醫師的醫療專業人士，在某種程度上都依賴安慰劑效應去降低壓力、緊張與疼痛，來改善循環、加速康復，並提升各種治療效果。

就某種意義而言，武僧也許是個推銷概念的商人、一個魅力十足的謀略家，他的行為也毫無剝削成分，並且有利於他人。他在運用、整合三個自我方面的指引，可作為一份供人們在日常生活中條理分明的身心指導手冊。幾年之後，這份手冊啟發了我再度提筆寫作。

戲劇性

在武僧位於米爾谷租來的房子裡，麥可第一次為我示範如何拆解再組裝一把格洛克（Glock）九毫米手槍，以及一把AK四七步槍，然後就像軍中操練那樣，邀請我挑戰以更快的速度完成這項任務。這是針對基本我的自信訓練的一部分。在這之前，我除了童年玩過BB槍，根本沒拿過手槍，更別提任何半自動武器了。雖然我不熱衷於大型槍械，但還是必須承認，手握這些強大武器確實能在本能層次上為我帶來一種多年來不曾體驗過的自信感。現在我可以體會為何槍械愛好者如此喜愛收集、射擊這些威力十足的槍械了。

接下來的一週，我學習操縱方向盤、加速、減速等賽車技巧，我們還造訪當地的賽車場，我在試車場上刻意失控，然後又抓回了控制，這些經歷讓我體驗到相似的個人力量躍升。這些活動之所以這麼刺激，要歸功於麥可那戲劇化的誇張性格。他揚棄標準的教學方式，讓這些練習感覺更像是準備出發營救人質，或是執行一趟保鏢任務。

一段私人關係

我和武僧見面不到一個月，他便請我到拉克斯珀的一間高級餐廳享用晚餐。我們享受了輕鬆對話與美味餐點之後，他要侍者送來一份甜點拼盤給我們選，裡面有九到十種價格不菲的糕點。麥可只說了：「我們要了。」

「要哪一個呢？」侍者問道。

「全部。」武僧揮了揮手說。於是每一道可口的甜點我們都品嚐了。麥可那誇張又難以預測的作風反映出一九八〇年代中期瘋狂的過盛風氣，他總是有辦法讓他關注的對象覺得自己很特別，這是一種基本我的靈性引誘。（我看見過他用類似方式對待約翰、凱倫、A. C.、喬伊和其他人。）

晚餐過後，麥可告訴我：「今晚你睡覺的時候，我會發送一個訊息給你。你明天早上一醒來，就將你能想起的任何符號或想法寫下來。」我覺得這是個讓人興奮的挑戰，考驗我在夢中的意識狀態是否擁有天賦。

隔天，我告訴麥可自己不記得有任何訊息或符號出現，只記得一個怪夢的零星片段。他不以為意，只說那沒什麼大不了的。我對這次的失敗感到很失望，同時，他原本可以對我說，我的夢意味著我已經收到訊息，但他沒有這麼做。這說明了他在一定程度上是個正直的人，也表示我缺乏當一個夢境旅人的天分，至少那次是如此。

形上學的教導與警告

「心智就像一副降落傘，打開的時候最管用。」麥可這麼提醒我，因此對於他較偏向思辨的教導，我會保持一顆開放的心，抱持不可知論的心態。形上學擁戴者對這個世界似乎有他們自己的語言與詮釋，例如有人認為是一場感冒，有人可能會將它詮釋為「清理危機」。

由於武僧證明了他對武術確實擁有專業與獨特的見解，所以即使他舉辦了靈魂出竅旅行、遠距治療與靈體附體等研討會，我也會姑且相信他。在上述這些主題的演講裡，他敘述有些人因為飲酒或用藥過量而「導致氣場破洞，容易受到以太界的精微靈體所影響」。他也談到我們會在夢裡遇見的天使、治療大師與指導靈等。我覺得這些訊息十分有趣，不過那不是我的親身體驗，所以也不打算教導這些。

在其他時候，麥可的形上學概念也能實際應用在日常生活，例如「火焰靜心冥想」是基於人的負面思想會以其氣場或生物能量場裡的汙點形式出現。如果我被不悅念頭困擾，那麼可以藉由凝視燭光，將這些負面思想從我的覺知領域中清除，利用燭光融化汙點，讓它消融至以太中。如同他大多數的技巧，這似乎很管用。（當我們凝視壁爐或營火的火焰時，不都很沉浸在這種放鬆或沉思的狀態嗎？）

另一個內在的練習牽涉到將我的聲音（或觸碰，甚至是思想）連結到我的心，麥可稱之為「靈性感官」。他解釋道：「如果你將兩把調好音的吉他放在一起，然後挑動任何一把吉他的琴弦，另一把吉他的對應琴弦也會跟著震動——這是同感或諧波共鳴的其中一個例子。同樣的原則也適用於人聲上：如果你從頭腦說話，它就會與另一人的頭腦產生共鳴，而如果你從心說話，就會與另一人的心產生共鳴。」我要做的就是在說話時（或有身體接觸時）將注意力放在我的心上。我甚至可以將我的心和思想連結起來，例如說「我愛你」、「我支持你」、「願上帝保佑你」等話語的時候。當我覺得沮喪的時候，我發現這個簡單的動作能發揮情緒療癒的效果，並能深化人與人之間的連結。

武僧也教導一些簡單技巧，例如直接輕敲或重拍胸部胸腺（位於胸骨上端），能在需要時提升能量並刺激免疫系統——這又是另一個我可以隨時隨地運用的簡單練習。

精神上的夥伴

我和麥可認識幾個月之後，有一次我們在午夜時開車到灣區另一頭的柏克萊KPFA廣播電臺，上一個深夜訪問節目。不久之後，他邀請我一起主持一個專為一群心理治療師舉辦的工作坊，地點只模糊地說是在「加州聖塔克魯茲郡北邊的地方」。當我們開車正要經過舊金山國際機場的時候，麥可突然從機場出口下了交流道，原來我們是要飛往阿拉斯加。

搭上飛機後，我發現我的座椅下有一件黑紅相間的「搜救行動」T恤，和麥可身上穿的一樣，還有一件尼龍的賽車夾克。他遞給我一個小型的手持錄音機，讓我幫自己做記錄——在現在這個手機普及的時代，這沒什麼大不了，但是在一九八五年時，那可是走在時代尖端，不僅很酷，而且實用。

飛行時區入夜後，麥可交給我一卷特別的「雙腦同步」（hemi-synch）卡帶，他宣稱裡面錄製的聲音能讓我在九十分鐘的睡眠時間內，產生相當於至少四小時的睡眠效果。「旅行時很方便。」他說。我在不知不覺間睡著了，我在半夜醒來，回想遇見武僧後自己經歷的改變。

懂得自尊自重，在我大學運動員、教練與大學教授的時期一直是輕而易舉的。但是在一九七〇年代晚期，我在職業生涯上似乎迷失了方向，當時我的大學隊友都在醫學、物理學或法學上獲得更高學位，或者進入金融業，事業蓬勃發展。歐柏林的教學生涯結束之後，我的身分認同便陷入掙扎狀態。我是個追求智慧的追尋者，但沒有穩定的收入來源。（朋友有時會問我：「嘿，丹，你這禮拜在哪工作？」）

如同麥可所說的：「有些人促使事情發生，有些人看著事情發生，其他人則想知道事情是怎麼發生的。」在一九八〇年代早期，我曾看著並想知道發生了什麼事，包括我失敗的第一次婚姻，以及後續的兩本失敗著作。就在遇見麥可前的幾個月，喬伊和我受邀至大師的聖所，我出於好奇答應了，想看看那裡是否還殘留著任何火花（結果沒有）。在當地導覽的時候，我偶然遇見一位負責圖書館採購業務的大師資深信徒。他看過當時已經絕版的《深夜加油站遇見蘇格拉底》精裝本，便評論道：「米爾曼，所以你現在也是個大師了嗎？」——這意味著我既然出版了著作，就無法在社區階級裡找到適切的位置了，因為這裡唯一適切的關係就是謙卑地臣服。

接著，「武僧」麥可·布肯德出現了，他形容自己像是靈魂的啦啦隊長，在我的靈魂需要一些加油的時候及時出現。

早晨，我們抵達阿拉斯加前，麥可做了兩個不尋常的預言：第一，我們相處的時間會是相對短暫的；第二，他已經預見了自己死亡的情況，但沒有預知到時間。關於這兩件事，他不願意再進一步詳細說明。

我們抵達朱諾之後，他租了一輛車載我逛逛，他向我介紹了短暫夏季的典型阿拉斯加住宅，並特別帶我去看阿爾耶斯卡滑雪度假村。

當天稍晚，我從旅館打電話給喬伊，告訴她我正在享受聖塔克魯茲北邊的涼爽夜晚，然後才告訴她所謂的北邊其實有多麼遠。

由於朱諾的那一群心理治療師都是麥可·布肯德的支持者，幾乎所有的教學都是由他進行，我只是以見習生的身分出席。不過我的確介紹了一套流暢的四分鐘健身動作「寧靜戰士鍛煉法」（汲取自我在舞蹈、體操、武術、瑜伽與阿里卡運動的背景知識，並加以融合），這是我每天都會做，並教了幾十年的一套動作。

嶄新的開始

與此同時，藉由口碑相傳而累積的讀者群持續增長中，演講邀約開始出現在我的信箱裡。雖然我的名氣還不足以將一座禮堂塞滿，但我可以在一場週末講座吸引到十到二十位讀者。來自全美各城鎮的讀者自願在自家或當地的學校、書店租借場地舉辦一場週末活動。他們在當地推廣，發放宣傳單，並在當地書店販售我的著作裡插入書籤，處理報名事務。為了回報他們的努力，我會支付他們的開銷以及薪資，加上兩、三個免費的工作坊名額。

早期工作坊的內容重點是我從體操、武術轉化的原則和實踐，以及改編自教授、大師與武僧的大局觀，特別是針對三個自我所做的練習。受到大量新洞見的啟發，啟發了我在自家附近開辦了一個工作坊。

麥可贈予我的禮物超越了內容本身，對我來說他也是一個榜樣。他所說的話、他的姿態不僅能觸及到參與者的意識我，更觸及了他們的基本我與高我，這也增強了我話語中的靈性權威與影響力。藉此，我與武僧的交流激發出我打造出一種新的教學方式。

然而有個潛在的問題漸漸浮出檯面：在第一場工作坊結束的時候，我的出版商與朋友海爾．卡萊姆把我拉到旁邊說：「丹，你一直重複說『這是麥可教我的』或『根據麥可．布肯德的說法』——請不要再引用這位布肯德先生的話了。尊敬老師不是件壞事，但是來參加你工作坊的人是讀了《深夜加油站遇見蘇格拉底》這本書，他們來這裡是想聽聽**你**說些什麼。這些東西現在都是你教學的一部分了，所以你應該出於自己的威信而說，而不是用別人的話。」這是讓我始終銘記在心的寶貴建議，強迫我站到自己的立場。

接下來的幾個月，我將自己所學到的武術技巧整理、分類，並加以修改，其中包括空手道破板、氣功宇宙式，以及合氣道「不折的手」技法，我也介紹了「三個自我」的概念，並傳授「寧靜戰士鍛煉法」。我用自己的話語說明專注於當下這一刻對我們有好處的原因，以及它是如何運作的，並概要描述了靜心冥想的優點與迷思。關鍵的問題始終是：**在我們有限的時間裡，我能分享什麼與日常生活直接相關的事物？**

隨後，有間位於佛蒙特州的小出版社想重新出版我的第一本書《全身健身法》，但會換一個新書名《戰士運動員》（*The Warrior Athlete*），以此強調戰士這個主題。不久後，我開始錄製第二次的談話，然後是第三次，之後又進行了更多各種主題的談話錄音。這些錄音節目和鍛煉影片的錄影帶，成為日後喬伊和我命名為「寧靜戰士服務」事業的開端。

人格的轉變

阿拉斯加之旅後，我蓄了像麥可一樣的深色短鬍。這不是什麼不尋常的事，因為我有固定會留鬍子的習慣——但是現在，當麥可和我都穿著黑色武術褲、「搜救行動」的黑色T恤、白色運動鞋，我們看起來就像是一對異卵雙胞胎。我會將他給我的圓形「搜救行動」標誌磁鐵，貼在我那臺老式本田轎車的車門上，讓車子看起來像是官方專車。（經過這麼多年，我仍保留一個圓標磁鐵做紀念。）

麥可在聖拉菲爾進行的一場演講裡，現場擠滿的人我大多認識，包括大師社區的核心成員。武僧散發的神祕氣場、冒險精神，甚至是危險氛圍，對灣區的靈性追求者形成一股難以抗拒的吸引力。由於我之前在大師社區時幾乎隱形，像工蜂一樣默默無名，因此當武僧介紹我是「搜救行動」團隊不可或缺的一員時，看到他們臉上驚訝的表情，讓我莫名得意。

就我記憶所及，我一直想透過武術、體操、記憶與速讀課程等方式來提升自己，我曾苦讀《輕鬆學單字》（*Word Power Made Easy*）來擴大字彙庫，甚至也涉獵了特拉亨伯格速算法（Trachtenberg system）。我還學習了特技、魔術，還會用吉他彈幾首曲子。

現在，我和武僧相處的日子象徵了一個根本上的轉變。我領悟到，無論我將自己提升到何種程度，都只有一個人會受惠，但如果我能協助提升他人的生活，那便為我自己的生命增添了意義。套一句麥可的形容詞，是時候該「在自己的內在站起來了」。

突如其來的自我認識

我與武僧的關係進展之快，彷彿短短幾秒鐘就從靜止加速到一五〇公里的賽車。他再次邀請我前往他米爾谷家中的那個早晨，讓關係變得更加緊密。

在我持續追求更多的過程中，我曾研究過生物週期、呂舍爾色彩測驗（Lüscher color test）、根據榮格原型概念發展的「邁爾斯—布里格斯性格測驗」（Myers-Briggs Type Indicator，簡稱MBTI），以及明尼蘇達多項人格測驗（Minnesota Multiphasic Personality Inventory，簡稱MMPI），也研究過例如《易經》、塔羅、北歐盧恩符文（Runes）等預言系統。我對占星學抱持著觀望的態度，並研究來自教授和大師的許多地圖、模型及教導。

我也注意到所謂的通靈者、靈媒、算命師與騙子使用的「冷讀術」，他們通常只提供了模糊不清或非常籠統的資訊，讓客戶自己詮釋為有意義的，並提出一些引導性的提問來獲取更多資訊。

直到「人生使命系統」上場。我一抵達麥可家，他便說：「我要和你分享一些關於你的生命道路與命運的事。」我們坐下，眼睛閉上，武僧開始進行他稱之為「呼喚光」的神聖祈願。然後他分享了一個關於我在十六世紀其中一個前世的故事。印度教和佛教的宇宙觀裡都有提到轉世概念，也廣為世人所接受。如果我接受這種過去世與未來世的概念，將有助於解釋一些現象，例如為何我會與某個我從未造訪過的（至少是在這一世）地點或文化起共鳴，以及當我遇見喬伊或生命中其他關鍵人物時，為何會有如此熟悉的感覺。

無論麥可對我前世的解讀是否真實，或又只是他的一個比喻，這個故事聽起來真切而且感人，而箇中原因我後來才明白。這不是個皆大歡喜的故事，但是深具教育意義的故事，指出我的靈魂為了要把事情做正確（或至少做得更好），因而再度回來的原因。

武僧接著描述我所擁有的、待顯現的潛質，以及我在此要克服的障礙，這些全都一語中的。我對他如何能清楚說出我這些年來在黑暗中跌跌撞撞的生命道路感到迷惑不解。麥可．布肯德似乎比我自己更了解我的生命道路——至少到目前為止是如此。

我記得自己曾問他：「你有通靈能力嗎？」

「不完全有，」他回答。「多數靈媒其實沒有通靈能力，但我受過訓練，知道該注意哪裡。」他沒有再多做說明，但我一直記得這句話。我希望對他人發揮影響力的內在動力已經很清楚，帶著這樣的動力，我開始學習如何做到這一點。

搜救行動講師的訓練

我對武僧「知道該注意哪裡」的方法深深著迷，因此當他宣布在夏威夷的茂宜島開辦為期四週的進階訓練課程時，我立刻把握機會，並再次感受到那種篤定感，那種命中注定的感覺。除了課程，他還會教授他透過閱讀生命道路獲取的神祕洞悉能力，而這可能有助於我幫助他人，就像他為我做的一樣。

喬伊同意和我前往茂宜島，並帶著一位我們信任的朋友同行，以便在我倆上課時幫忙照顧兩個年幼的女兒。抵達之後，我們和十四位學員相互認識，每個人都對豐富的進階課程感到雀躍不已。

每天早上，我會帶領小組做一套寧靜戰士健身操，之後我們會花一整個早上的時間練習菲律賓武術的刀戰術，為訓練課程的尾聲（武僧稱之為「畢業典禮」）做準備。下午，我們會學習其他按摩與治療技巧，或配合音樂練太極拳，像拳擊手那樣配合節拍揮拳，也學習其他能提升內在力量與自信心的技巧。

約翰已經和麥可共同指導過刀戰術的信心訓練，因此他和A. C.兩人擔任首席助教。他們每天都會在學員之間來回穿梭，鼓勵、糾正我們。這裡沒有武術學校那種嚴肅氣氛，就像麥可所說的「有幽默感的少林寺」，他說的時候還一邊戲劇性十足地立刻從他的工具袋裡掏出一隻尖叫雞。他解釋道：「當你在學習如何避開攻擊、正確防禦，然後反擊的時候，一定會犯錯，沒有關係，你的講師會引導你，但是不要犯**同樣的**錯兩次。如果你犯了同樣的錯，我就送你去見……這隻尖叫雞！」接著他為了示範，走到我面前假裝糾正我的姿勢，然後將那隻尖叫雞的頭和長長的脖子瞄準我的腳。

這樣輕鬆詼諧的教學方式並不如想像中那樣隨便，因為相當有效！每當有人注意到麥可或約翰抓起那隻雞，大家就會立刻瘋狂注意自己的姿勢。

有時我們會在靜默中演練，有時則配合音樂。我們練習攻擊與防禦技巧的時候會盡可能放鬆，以緩慢的動作進行，如同太極拳的方式，一直到這些技巧變得自動化，從大腦的前額葉皮質轉移到更連接到本能的區域，也就是武僧稱為「細胞層次記憶」為止。

每天早上，麥可都會跟我們談論武術與生活。他事先提醒我們，想要順利從接下來的測驗中「存活」，我們就必須本能的做出應變。

「戰鬥就好比生活——如果你想太多，就死定了。我們會用刀子練習，是因為許多人在前世都曾經被刀子割傷或殺死。我們也可以在徒手的情況下做同樣的練習，但是持刀練習能提供注意的焦點，讓你完全集中精神。你的『基本我』會更嚴肅看待這把刀。」

他說得一點也沒錯。

武僧有一次描述自己在州立與聯邦監獄教學（充分反映了他「搜救行動」價觀的工作）時，如何在一票渾身肌肉與刺青的受刑人之間建立信任感的故事。當時他要求一位自願者與他面對面站著，然後麥可做出一個武術姿勢，盯著那個人，就在幾秒鐘後，他讓遠在房間另一頭的那個男人膝蓋一軟。

我們問他是如何辦到的，他回答：「我只是讓**他的**基本我看見**我的**基本我。」（在我們的認知裡，基本我是很有力的。）有人問他是否願意再做一次示範，他搖搖頭說：「在一位自願者癲癇發作之後，我就不再做這種示範了。」

這時，包括我在內，都尚未準備好要自願站出來示範，直到武僧同意示範一個修改過的版本，只會暫時讓自願者變虛弱，而不會讓他崩潰倒下。鮑伯自告奮勇，我們團體裡的手療師喬也同意在示範前後檢測鮑伯的力量。

鮑伯和喬兩人都證實在示範之後變得比較虛弱，這證明了麥可的能力，或至少是給予暗示的力量。

從刀戰測驗中倖存

隨著刀戰測驗的日子逐漸接近，我們的練習突然變得很真實。我回想當初自己告訴史丹佛體操隊的話，我將每一次的練習都當成是最終測驗。

當武僧宣布測驗即將到來時，感覺時間飛逝地更快了。「你們會圍成一圈坐在教室四周，每個人被叫到時，就必須站到教室中央，面對著我。我們互相鞠躬後，我會用刀攻擊你數次，」然後，他拿出一把已磨鈍的訓練用鋼刀，而不是我們練習時使用的橡皮刀。「在壓力下處變不驚的人會通過測驗，反之則不能通過測驗。」

旦你沒有通過測驗，這個訓練課程也就結束了。」

當下似乎有一陣焦慮感瀰漫了我們，武僧還未揭露他如何看見人們生命道路的方法。我納悶著：那些沒有通過刀戰測驗的人，就會錯過這個重要訊息嗎？

隔天早上，我們魚貫進入教室，圍坐在房間四周。我口乾舌燥，覺得口渴，這種緊張感甚至比我過去參加錦標賽時還要強烈。畢竟這不是表演一套固定動作，而是要面對武僧，而他一如往常一派輕鬆地走進教室。他說了一些話，大致是這個意思：「這個測驗的重點不僅是持刀戰鬥的技巧，還有你如何面對自己的懷疑、你的不安全感，還有你的恐懼。你要用身體來回答這個問題：你能不能做出必要的改變，讓自己不僅僅是通過測驗，而是活得更深刻？」

武僧繼續說：「如果你還沒準備好做出這個內在觀點的跳躍，你就無法通過測驗。沒有通過測驗的人，無可避免地會比那些通過的人學到的更多，儘管如此，」他重複說道：「如果你沒有通過測驗，訓練就結束了。這場測驗的評審不是我，而是你自己。我只是一面鏡子，反映出你如何面對生命中的挑戰。」

我和其他同學神經緊繃地坐在那兒，麥可總結道：「我一開始會進行一、兩次平穩、緩慢的攻擊，朝你的右方或左方猛劃過去，就像你們練習過的那樣，或者我可能會直接正面朝你衝過去，用刀刺向你的喉嚨或腹部。通過前面幾次攻擊之後，我會開始加速並測試你的極限。記住，恐懼和興奮的唯一差別就是你是否在呼吸。信任你自己和你接受過的訓練。祝各位順利。」

武僧請喬伊上前時，我可以感覺到腎上腺素衝進血液裡。他指示她站在距離他大約三公尺的地方，面向他，我全程聚精會神地看著。他們倆互相鞠躬，但視線沒有離開對方，如同他所指示的那樣。他泰然自若地站著，然後衝到她面前，持刀或刺、或砍——

喬伊移動到了側邊，避開武僧的攻擊，然後用她的橡皮刀劃向他的手臂。一如他的預告，他轉身，然後加快速度回頭繼續進攻。喬伊做出回應，一如她練習那樣，就這樣來來回回，然後便結束了。他做勢要她鞠躬離開，說：「妳通過了。」

喬伊在我身旁坐下，容光煥發，仍用力喘著氣。我們捏了捏手，她便轉身過去，準備好觀看同學的測驗過程並給予支持。如果要我猜測現在教室裡充斥著什麼念頭，可能類似像：可以辦到，不是全無可能，但是萬一我崩潰或整個人僵掉怎麼辦？

以我來說，擔心崩潰不是個問題，我在壓力下保持從容不迫的能力已經很有經驗，但是傲慢可能會是我的失敗原因，我也察覺到麥可明白這一點。過去我很排斥與攻擊我的人正面對決，這樣的經歷將會浮上檯面。我會在這一次垮臺嗎？

下一位測試者無法保持鎮定，闖關失敗。我的胃糾結在一起，似乎有片烏雲籠罩著教室。終於，叫到我的名字了，我覺得麥可可能不會讓我好過。

到最後，感覺像是一腳踏進一個時間扭曲的空間。我巧妙地躲避和擋開的不只是他的攻擊，還有存在我內在裡那些我可以怎麼做、應該怎麼做會更好的聲音。然後我們鞠躬退場，他宣布：「你通過了。」

等一下，我心想，已經結束了？他是不是對我手下留情？其他人繼續測驗。大部分的人通過了，又有另外兩個人沒通過。

武僧說過：「在日常生活中，人們學到了慘痛的教訓，例如車禍、癌症等，生命不會給你第二次機會，但是這次訓練是認識自己的安全區。因此，如果你願意使出渾身解數，打破一切阻礙你的事物，我在此為那些失敗的人提供一個機會，讓你們再測驗一次。」

三位沒有通過測驗的人選擇進行第二次測驗，其中兩位通過了，另一位又再次失敗。他一回到座位上，武僧便對他說：「這次你已經盡力而為了，但我之前說過，你的訓練已經結束了。」

屋裡頓時一片惆悵，鴉雀無聲，暫停了好一會兒，麥可才說：「我現在宣布訓練結束。從今天開始，從現在開始，我們將在最後三天展開新的訓練。」他轉向那個沒有通過測驗的人，說：「歡迎再回來。」

現在，我將刀戰測驗視為山雨欲來的前奏。

喬伊的回憶

我記得刀戰測驗，發生的速度很快，也很可怕。結束的時候，我有終於鬆了一口氣的感覺。我之前沒有學過任何武術，若要通過測驗，必須展現出流暢、放鬆的動作，就算經過好幾個小時的練習，我還是覺得很有挑戰。它並不要求你具備頂尖運動員的身體素質，因此對大部分的人來說都很容易入門。最重要的是，這是一場勇氣的測驗，也是這些年來丹在教導他的訓練課程版本時，稱呼它為「寧靜戰士勇氣訓練」的原因。

揭曉人生使命

那天傍晚進入教室時，我環顧四周，感受到一股興奮氣息。這一刻終於來了，武僧即將揭曉他如何解讀我們使命的系統，這不僅讓我們能更明確生命意義，也可以讓我們如法炮製，藉由這個系統來幫助他人。

麥可以一段開場白開始：「你出生的時候，父母給了你一個名字，宇宙給了你一個數字，或說與你的出生日有關的頻率……」

這聽起來像數字命理學嘛。我心想——我從未被這種祕術吸引，因為把出生日期的所有數字加起來就能得出有效資訊，揭露出一個人一生的核心目的這件事，對我而言根本沒道理。然而屋裡的每個人都是讓我們此刻齊聚一堂的人證。

麥可繼續解釋：「許多古老文化都根據自己的古曆法，演化出自己的數字系統，你可能已經注意到，就算使用較正確的公曆，不同的系統對於數字還是有不同的加總及詮釋方式，」他說：「我只是發現一種更正確的詮釋法。」我看見屋裡的人頻頻點頭稱是。

武僧接著展開為期三個晚上的課程，分享他如何洞察他人人生的方法。我做了詳細的演講筆記，像我過去大學時那樣，將潦草的手寫筆記打字、整理起來。趁記憶還熱騰騰的時候詳加研究，對我來說很重要。

他每個晚上都會針對加總起來的出生數字意義分享一些重點（將一個人出生日期的所有個位數加總起來，便能算出這個數字），為總共三十七種（二〇〇〇年後擴充為四十五種）生命道路精確點出其關鍵議題。如今我已經了解武僧如何使用這些生命道路的資訊，反映每個人在各自道路上的議題，進而創造出讓人產生共鳴的前世場景。

同時，我也開始熟記我總共二十頁的筆記，期待著自己能為親朋好友，以及付費客戶提供的解讀服務。回想武僧揭示的訊息，我知道這無法證明，也無法解釋，就像我們無法得出一首十四行詩的平方根。畢竟，這不是科學，而是宛如鏡頭般，一個讓我們將生命各個面向變得更清晰的一種巧妙的系統。

我想起一句曾聽過的妙語：「人們嘲笑占星學家與數字命理學家，卻相信經濟學家的預測。」我的確覺得相當奇怪，有那麼多人能夠接受一些優雅卻尚未證實的理論，例如榮格的阿尼瑪與阿尼瑪斯，佛洛伊德的自我、超我與本我，邁爾斯—布里格斯的心理量表；或是相信物理學家尚未證實的宇宙假設，例如弦理論或宇宙大爆炸。

麥可所揭示的內容或許無法證實，甚或無法解釋，但我對它的實用功能毫不懷疑。他為我做的人生使命解讀，讓我在擔任老師角色上更加游刃有餘，現在我配備了能服務更多人的新工具。

在麥可最後的演講裡，他總結了幾個靈性法則（或說宇宙原理），讓學員們能實際應用於克服各自生命道路上的障礙。結尾時，他提醒我們不要只是用死記硬背的方式套上那些數字，也鼓勵我們與大家分享上課期間出現的想法。後來我為他人提供「靈性法則校準」的解讀時，有時仍會對浮現的內容驚訝不已。

在一次自由討論的時段，我說：「麥可，平衡法則指出每一個優點都有一個相應的弱點。我們見過你的優點，你能分享一些自己的弱點嗎？」麥可只是說：「有時我是個壞胚子，你們有些人已經知道了。」我聽到有人在咯咯地偷笑，但他迴避了這個問題。這時我才驚覺，我們真正的缺點其實是那些一直隱蔽著的，即使自己也無從得知。如果有人問我自己的缺點是什麼，最誠實的回答會是：「你必須去問喬伊。」

危機

訓練課程的最後一天早上，發生了一件悲劇，像骨牌效應般引發了一連串的事件，徹底改變了我與武僧的關係，也改變了他未來的道路，以及我自己的。

一切從至今仍深深烙印在我腦海的畫面開始：喬伊和我，連同我們的小女兒和保姆正在吃早餐，約翰突然從附近的訓練室奪門而出，懷抱著癱軟的武僧。我隨著約翰、凱倫和其他人進入麥可房間，喬伊和那位手療師在旁照料，直到急救人員抵達，將麥可送往醫院。我們整個下午都處於茫然錯愕的狀態，仍在消化這個突發的意外。

那天晚上，每個人都已打包好行李準備隔天飛回家，約翰召集大家，解釋了麥可的情況：他因為患有先天性動靜脈畸形（AVM）而導致腦出血，存活機率很高，但可能會有短期的語言障礙和半身癱瘓。

聽到這令人難過的消息之後，接著是一場大別離，我們向彼此道再見，然後各奔東西，各自回到美國本土、加拿大與其它海外國家。返家之後，喬伊和我剛好趕上女兒到新學校就讀的日子，工作方面，我有幾個即將舉辦的工作坊和寫作計劃要進行。

我後來得知，麥可返回米爾谷的家之後，接受了物理治療、職能治療，以及居家照護。由於出血位置的關係，手術風險過高，約翰和凱倫搬進他家，盡可能在各方面協助他，我也和約翰保持聯絡，以便得知最新情況。武僧不接見任何訪客，專心面對這條艱難的康復之路。我想，如果有任何人能在劇變之後重拾活動力和言語能力，那一定是他了。

在職訓練

在研究並思考過我那二十頁關於生命道路的筆記之後，我聯絡了一些當地的親友，提供他們免費的生命道路諮詢。我參考自己的筆記做了一些簡單的介紹，在「呼喚光」的祈禱之後，盡可能分享我的所知。

幾個禮拜之後，我已經將所有資訊內化，不再需要筆記了。隨著我的信心與能力的增長，我開始收費。每當我舉辦巡迴演講或工作坊，我都會安排空檔時間親自為幾個人進行解讀。

在茂宜島的訓練結束一個月後，約翰問我是否願意協助他主持為期五天的刀戰訓練課程，那是武僧生病前已答應的活動，A. C. 和凱倫也前來協助。扣除課程必要支出後，所有收入都會運用在麥可日後的照護上。以教學者的角度參與這項深具轉化效果的技巧，是個非常強烈且正面的經驗，也是個藉由實作來學習的機會。我也會在測驗時協助約翰，考驗我在測試每個學生的極限時，應變能有多快速、多自信。在宣布測驗是否通過前，我們都會與彼此協商。

學員所分享的洞見與他們的改變令我驚豔，因此我決定更新我的宣傳摺頁，並打開我的通訊錄，向所有聯絡人提供「寧靜戰士勇氣訓練」的最新課程介紹，由於我在體育方面的背景，我現在已經對教授這項訓練充滿自信。

我主持的第一場刀戰訓練，時間定於三個週間晚上，加上一個完整的週末，地點是一間前身為教室的多功能室。總共有十二位學員，有些是本地人，有些來自全國各地，他們都體驗到了深刻的轉變，有好幾位還成了我一輩子的朋友。有一位似乎不太投入，甚至還錯過一堂訓練的女士在隔天回來上課了，趕上進度也通過了測驗。一個禮拜之後，她寄了些額外的錢給我，因為這次訓練對她來說太有意義了。另一位學員是來自荷蘭的內科醫師，在訓練期間他一直為協調性的問題所苦，直到有天晚上他轉向我，眼睛睜得大大的，充滿驚奇地宣告：「我可以感覺到我的腿了！」他終於連接上大地了。雖然他在幾天後通過了測驗，但他在練習時體會到「接地氣」的那一刻，或許才是他最大的收穫，那是他的「見性」時刻。

在後來的勇氣訓練裡，有一對英國夫妻在回家之後寄給我一張明信片，詩意地總結了他們的體驗：「這把猛刺之刀劃破了人生的真相。」——要找到貼切的形容詞，找英國人總是沒錯。

曾有一位學員問我是不是個和平主義者，我回答：「是也不是。」然後指出最極端的非暴力實踐者成為了果食主義者，為避免殺生只吃樹上落下的果實，比方說蘋果。然而就算是果食主義者，也會在呼吸間殺死數百萬個細菌。

「絕對的無害是不可能的，」我說，「所以我實踐的是相對性的和平主義。」如果我擔心太暴力而不去接觸防身術，這個選擇不但無法讓我變成和平主義者，反而可能讓我變成受害者。

既然沒有人有權力攻擊我或傷害我，我想，當我藉由自衛使攻擊者喪失能力，我只是在告訴他們其行為必有後果。因此我實踐的是相對性和平主義，同時也尊重我自己的身體與界限。我告訴我的學員，「學習防身術不需要找理由，事實上，它是一種自我負責，也是必要的生活技能。」

後來我每年都會舉辦三到四次的「勇氣訓練」，持續十四年，每一堂課都是額滿狀態。學員來自世界各地，大部分都沒有武術經驗，但我們也吸引了一些對這個課程感到好奇的黑帶高手一探究竟。

新角色，新環境

武僧的失能，對任何人來說都是難以承受之重，但對他本人來說，更是糟糕透頂，由於他曾是一個相當健壯的冒險家，已習慣他那獨立又逍遙自在的生活方式。當我終於受邀可以探訪他時，他仍坐在輪椅上，看起來很削瘦、很虛弱。約翰和我協助將他套進那件尼龍賽車夾克裡，並將武術褲束緊，還有一頂新的、上面有許多徽章的黑色貝雷帽，麥可說那是為了表揚他在特別行動的貢獻的禮物。看見這些徽章，我的心都碎了，我想他也知道。

我開始將自己舉辦工作坊、研討會與靈性法則校準解讀的部分收入寄給麥可，幫助他這在段過渡期間支應房租與生活開銷。

我會這麼做的最主要原因，是因為我有幸從武僧那裡學到一些東西，而這些東西讓我們的收入增加，他還讓喬伊和我免費參加訓練課程。

我現在有了新的工具與觀點，也從他的方法裡挑選了部分內容，將它們介紹給更多人，特別是「勇氣訓練」與「生命道路」的資訊。因此，我們在財務上對他提供協助似乎再適當不過，也是一種負責任的做法。本身也是個倖存鬥士的武僧，也藉由電話解讀與偶爾舉辦的晚間研討會試圖創造自己的收入。我會協助推廣他提供的服務，偶爾也會充當工作人員。

麥可還販售一些健康相關產品，例如脈衝波裝置，他宣稱佩戴後能抵消電腦螢幕所散發的電磁波的潛在傷害。他也販售幫助大腦同步的錄音帶，用來加深冥想，並「調整和平衡」大腦半球的功能。我後來才得知，一些新錄製的錄音帶內容其實是吸塵器的聲音。我詢問麥可此事，他只用一貫幽默的口吻轉移話題，說：「聽過之後，多數客戶回報說他們都覺得更『乾淨』了。」

幾個月過去，我的教學工作和家庭責任讓我和麥可逐漸失去交集。經過這場突如其來的、讓他衰弱無力的重大變故後，之前潛伏在他性格裡、可能一直都存在的那些面向，遂變得越來越誇大。我研究腦動靜脈血管畸形時，查到爵士吉他手派特．

馬提諾（Pat Martino）在一次腦出血後出現失憶症與躁鬱症的症狀，這或許可以解釋我在武僧身上看到的現象，像是逐漸嚴重的偏執與其他性格上的變化。

幾個禮拜之後，我得知麥可透過約翰和凱倫的協助，已經將他大部分的物品打包收進倉庫，並帶著隨身物品搬到南加州，住進他最忠誠、最支持他的支持者家的一間空房間裡。

一九八六年冬天，喬伊和我存下一筆足夠的錢，也從家人那裡借貸了一些，我們湊足了頭期款，終於在聖拉菲爾買下我們的第一個家，我倆和女兒們在往後數十年都居住在此。經過多年經濟拮据的生活，我們終於有了固定的收入。我的演講和工作坊為我開啟了一份新的事業，實現了我多年來想做一名老師的長遠志向。

我對工作的喜愛日益增長，表示我離家的頻率也越來越高。沒多久，我一個月內就有兩、三個週末都不在家。我的缺席對我和我的家人來說都是一種犧牲。有一次我打電話回家，與喬伊、席亞拉說完話之後，喬伊將話筒放到三歲的琪娜耳朵旁。她問：「你是爹地嗎？」我說是，然後喬伊告訴我，琪娜竟然親暱地撫摸著話筒。

即使我在家，我對工作的極度專注也剝奪了我原本該對女兒付出的關注。將女兒交給喬伊，多少彌補了我的缺席，她非常稱職，但在她們的青少年時期，我發覺自己還是因為相對缺乏參與女兒們的日常生活，而影響到了我們之間的關係。我不想誇大自己的缺席——我深愛女兒，她們也心知肚明，但她們也知道，我選擇專注在工作上，而非那較不明確、有時也很混亂的家庭責任上——那有時對我著實是種折騰。

儘管如此，這是我第一次感覺到自己或許可以過上小康生活，養家餬口，同時又能回應生命的呼喚。麥可·布肯德的方法對我帶來的影響，讓我的事業與生活都活過來了，而且來得正是時候。

回想一年前那個週四晚上，喬伊鼓勵我去參加武僧那場入門演講。要不是她的提議，我和他也許永遠都不會相識。

分道揚鑣

我與武僧共同經歷的冒險，全都發生在短短兩年內，這兩年對我們而言都是一段劇烈變化的時光。如同麥可自己所說：「有時你備受禮遇，有時你遭到怠慢。」

一九八八年的春末，麥可打電話問我是否願意租一輛貨車，將他的東西從倉庫搬出來，載到南加州他現在住的地方。「沒問題。」我在他說出下一句話前就爽快答應了，他接著說：「如果你能多待幾天，歡迎來參加我的週末工作坊，我會教靈魂出竅旅行。」我說我要查一下行事曆，但無論如何我都會幫忙將這次工作坊的訊息廣發出去。

結果我那個週日已經安排了家庭活動。我在週五下午抵達，將麥可的物品卸下，因為隔天要飛回家，所以我訂了一晚的旅館，隨後便去工作坊看看，剛好來得及聽到典型麥可式的精彩介紹。他描述了多種覺察的平臺，以及如何透過特定的靜心冥想方式接觸到更高層次的平臺，以達成無形的覺察，他會在隔天傳授這個方法。

我和幾位老朋友點頭招呼，他們是由於我的宣傳而來，其中包括曾在多場勇氣訓練營協助我的朱蒂。在中場休息的時候，麥可邀請我和他在房間獨處幾分鐘。我告訴他我非常高興見到他，然後提醒他物品已經放在車庫，但是因為週日已經有安排家庭活動，所以明天早上必須趕回去。他給了我一個擁抱，說：「很高興再次見到你，兄弟。」

當時我並不曉得，我們再也不會見面了。

他的研討會夜間課程開始後，我開車抵達機場附近的旅館。一、兩個小時後，在我沉沉入睡前，喬伊打電話到我的房間。她的聲音聽起來有些擔心：「你和麥可之間發生了什麼事嗎？」

「沒有啊，」我說。「怎麼了？」

「朱蒂剛才打電話給我，說你離開之後，那天課程結束時，麥可宣布你不再是經過授權的『搜救行動』工作人員。」

後來我打電話給朱蒂，證實了這件事。

我試圖透過麥可寄宿的屋主聯絡他，但是沒有成功，也試圖詢問約翰和凱倫，看看他們是否能提供任何想法，但是在麥可搬去南加州之後，他們便和麥可失去了聯絡，因此他們也不清楚是怎麼回事。

寫作與訓練

武僧似乎已經搬回阿拉斯加，在無法聯絡上他的情況下，我將注意力轉向我新的寫作計劃。《深夜加油站遇見蘇格拉底》初版發行九年之後，我計劃寫一本描述「三個自我」的小書，但這個計劃後來蛻變為一部包含教誨的小說，描述我和一位名叫「奇亞媽媽」（Mama Chia）的夏威夷巫師在摩洛凱島（Molokai）的雨林裡認識的經過。我將這本書命名為《寧靜戰士的神聖旅程》（*Sacred Journey of the Peaceful Warrior*，暫譯）。隔年，我又撰寫了《時刻不凡》（*No Ordinary Moments*，暫譯），作為寧靜戰士的日常生活指引。我將兩本書都寄給麥可，但包裹被原封不動退回，他切斷了和我、約翰、凱倫的所有聯繫——約翰和凱倫還是他康復初期的照顧者。

與此同時，我的工作持續進化。一九九〇年代初期，指導勇氣訓練多年之後，我創造了兩個進階訓練，主題圍繞著人終究一死與勇氣主題的冒險，包括為期兩天、在森林進行的高級「繩索」（ROPES）[16]挑戰課程。

第一堂進階訓練課的早上，我在黎明前叫醒所有學員，交給他們一張前往本地小機場的路線圖，我們在那裡輪流進行高空彈跳，從一個漂浮在距離地面約九十公尺高的熱氣球上縱身一躍（就像從一座三十層高的大樓往下跳）——這又是一次面對自身恐懼的體驗。接著，經過三十分鐘的準備之後，我們每個人又嘗試了雙人跳傘，從三千六百公尺的高空往下跳。我們那位幽默的澳洲跳傘指導教練說：「當降落傘打開時，如果下面的人看起來像螞蟻，那很好，但如果下面的螞蟻看起來像人，那可就慘了。」

隔天，我們大部分的時間都在練習「整體自療呼吸法」（Holotropic Breathwork），透過延長的強力快速換氣，相當接近不用藥的迷幻藥效果，配合強而有力的音樂進行，這是斯坦尼斯拉夫與克里斯蒂娜．格羅夫（Stanislav and Christina Grof）所發明的體驗法。學員們也會透過寫下自己的墓誌銘、訃文與哀悼文這些方法，來思考自己最終的死亡，並學習珍惜、感謝生命。所有這些活動的用意，都是為了強化他們體驗的強度，體會到自己是生命學校裡培訓中的寧靜戰士。

我在這個教學階段，效果卓著，但我發現透過「靈性法則校準」課程與錄音帶，只能接觸到少數有限的人口，因此我打造了一個專為醫護專業人員與生活教練設計的「人生使命證書訓練」，讓他們能夠實際運用生命道路的相關訊息去幫助他人。

16 ROPES是重複障礙表現評估系統（Repetitive Obstacle Performance Evaluation System）的首字字母縮寫，是一種戶外課程，內容主要是透過團體決策與合作，解決一系列的身心挑戰。

在這七天裡，我將我的一切所學傾囊相授，分享了關於生命道路、靈性法則與相關主題的洞見，然後讓學員們練習為彼此解讀。

有些學員的筆記本鉅細靡遺，整理得條理分明，儼然像是一份書稿。不過由於沒有一位學員對那些教材擁有更深刻的體驗，因此我迫切感到一份責任感，必須寫一本書為更廣大的讀者群揭示「人生使命系統」的所有面向。做了這個決定之後，我又嘗試聯絡武僧好幾次，但依然無功而返。

我前後花了兩年的時間埋頭寫作，這本書才得以付梓。為了書名，喬伊和我絞盡腦汁，不斷腦力激盪，直到一天下午，我們經過客廳，女兒正好在看《真善美》（*The Sound of Music*），聽見修道院院長說：「瑪莉亞，你必須出去，找到你命定的人生。」

接二連三出版

這本《命定的人生》（*The Life You Were Born to Live*，暫譯）在一九九四年出版，吸引了為數可觀的讀者群。我原本在武僧進階訓練課程裡做的二十頁筆記，現在已經發展成一部四百頁的著作了。其中有一個關鍵部分概括了十七條有助於克服特定生命道路障礙的各種靈性法則。（一年之後，由於這些法則十分重要，我決定為它們寫一本專書，這本書後來成為富教育性的小說《鹿智者的心靈法則》。）

我在為《命定的人生》一書進行講座巡迴之旅期間，我解釋人生使命只是寧靜戰士之道的其中一個因素——個人成長的其中一個面向，而這使人不禁想提出一個問題：個人成長的完整主題有哪些？要回答這個問題，我腦袋裡出現了十二個領域的列表——關於日常生活這所學校裡的十二堂課程，而多年以後，這些內容也成為我另一部重要著作《日常開悟》（*Everyday Enlightenment*，暫譯）的基礎。

到了一九九六年夏天，喬伊和我，以及兩個已經成長為青少女的女兒，都過著忙碌且生產力旺盛的生活，我們既是一家人，卻也沉浸在我們各自的世界裡。同時，隨著《深夜加油站遇見蘇格拉底》的讀者群日益增長，我的作品也擴展至全美各地，以及許多海外地區。

喬伊的回憶

接下來數十年是丹的寫作和教學時間，我的大多數時間則花在教養女兒（當然，有他的幫忙）、閱讀手稿，和他討論訓練課程、回覆信件、做記賬工作，在我們聘請一位幫手之後，還必須管理我們的團隊。我也在女兒的國中和高中校園裡擔任志工。

那段時間，我偶爾會回顧我們過去與各個導師相處的時光。我們是否很天真，容易受影響？我不這麼認為。丹和我都以我們自己的方式在追求著最好的生活方式，以及存在在這個世界並能夠有利於這個世界的方式。我們兩人都對將身心完全臣服於他人道路這種方式感到不自在。如我之前提過的，我們多半停留在外圍，除了麥可以外，因為他並未要求我們做出深層的承諾。

我們共同參與了這些不同的團體之後，我現在已經了解跟隨老師學習與被他們控制這兩者之間有何不同。

與蘇格拉底的對話

所以，你和那個叫做布肯德的老兄經歷了一趟瘋狂的旅程。老蘇突然插話，好像我們剛剛正在對話一樣。

我現在很快便領會過來，問道：「你認為那是注定的嗎？」

回過頭來看，每件事似乎都是注定的。

「嗯，確實像坐雲霄飛車一樣刺激，和武僧在一起永遠不會無聊。」

回顧那段時光，你對他這人有什麼看法？

「武僧是個心靈雞湯高手、傑出的老師、思想的推銷員。」

這樣說來，你對他那些比較——你怎麼稱呼那些東西？——比較玄的想法，不感興趣。

「是啊，那些形上學的東西。嗯，物理學（physics）涵蓋的範圍是從最小的量子粒子到整個宇宙，而形上學（metaphysics）[17]——是一種看待現實的不同方

17 英文字根的意思是「元」（meta-）+「物理學」（physics），因此形上學也稱為「元物理學」。

式……」

所以你做了所有的阿里卡訓練，然後和大師混在一起長達——

「將近八年，斷斷續續的。」

接著是武僧，進入你的人生——他是一個精神上的硬漢，幫助你掌握了你生命的道路與目的，而那是你當時迫切需要的。

「很離奇卻是真的，如你知道的。」

如果你是以不同順序遇見他們呢——假設先遇見大師，然後才遇見教授——

「我覺得那說不通，因為就根本上而言，每一位心靈導師都讓我準備好接受下一位……很難說清，但總之，事情就是那樣發生的。但是，如果我只跟隨教授學習，或只跟隨大師，或只跟隨武僧，我可能會缺少讓我寫出這本書的開闊觀點。」

顯然，他們每一位教給你的東西其實都遠超出你所描述的內容。

「完全沒錯。我可能甚至無法開始——」

有趣的是，你所教的只是你從心靈導師那裡學到的一小部分。

「如果要將我目前所教的一切，試圖分析出每一部分的來源，我想是辦不到了。似乎每位心靈導師都幫助我打開了一座來到我面前，或說透過我而展現的宇宙真理寶庫——」

有些人洗錢，你洗靈性教誨。這讓我不禁露出微笑。「我只是很開心有些人喜歡我的『清洗』服務。你知道的，這有點像搬到比較小的公寓時，我們必須減少東西：我必須選擇要帶走哪些書、要放棄哪些書。這就是我現在在做的，挑挑揀揀我所收集的金玉良言和所學到的一切……老蘇，你還在嗎？」

一個遙遠的聲音傳來：一直都在……

第十二章
聖人

在工廠裡、在商店裡，也可以發現那些深刻與超越的事物。
這些地方或許無法讓你充滿至樂的感受……
就像你讀過的那些靈性體驗所說，
但我們會以自己看待日常問題的同樣方式，在這裡發現實相。

——丘揚創巴仁波切（Chögyam Trungpa）

一九九六年秋天，一個慵懶的週日早晨，我家窗外的日本楓在朝陽下變成深紅色，我在屋子一角享用早餐，隨意翻閱著信箱裡收到的錄音帶目錄。我的眼光快速掃過各式各樣的課程：正念、健康、人際關係與自我接納等等，然後我的眼光瞬間停留在名為「建設性生活」的課程，主講人是博士大衛·雷諾茲（David K.

Reynolds）。它在描述上寫著：「無論你有什麼感覺，都能過上幸福生活的方式」，以及如何用更簡單、更直接的方式處理日常難題。這種誠實、腳踏實地、沒有虛無飄渺或誇大主張的介紹讓我留下深刻印象。我已經準備好服用一帖由實相與真實無偽熬製的良藥，於是我訂購了雷諾茲的錄音帶課程，而每一位心靈導師都幫助我準備好面對下個階段的學習，這件事著實令我感到驚訝，於是我開始鑽研他的著作。

數十年來，我一直假設靈性修練必須仰賴內在工作：修正或改善我的想法與感覺，進行靈性修練，或與開悟的大師一同靜坐，這樣才能過上更好的生活。而現在，從我讀到的內容，大衛·雷諾茲（接下來我會稱呼他為「聖人」）所提出的方法卻不依賴想法與感覺。他的教誨很簡單，但我的頭腦卻因為裝滿各種地圖、模式、技巧與理論而變得很複雜，因此我一聽到他即將在舊金山灣區的另一頭舉辦一場為期十天、含住宿的訓練課程時，我立刻報名參加。

聖人的背景與教誨

就在我五十歲生日的前幾個月（這些年的時間都去哪兒了？），我出現在舊金山一間複合式公寓的大門階梯前。我再度成為學生，帶著一顆初學者的心，我希望能在這個「建設性生活講師認證訓練課程」裡，讓我的生活步調獲得煥然一新的改變。

我放下行李，按了門鈴。門打開了，出現的是一位大概和我同高，大約比我年長五歲的男子。他頭髮剪得很短，蓄著一把花白的鬍子。「歡迎，」他說，然後拿起我的行李，提它上樓。真是有禮貌的人。我想。

我們抵達樓梯頂端時，我問：「我什麼時候才能見到大衛·雷諾茲呢？」

「你剛才已經見到了，」他回答，一邊伸出手和我握手。「我讓你先好好安頓一下。」他微笑的時候眼睛也瞇了起來。我確定我會喜歡他的。

我和一位同學保羅共享一個溫馨的地下室房間。我和聖人的太太琳恩見面，得知她也是一名學校老師，網球運動的狂熱者，也是參加本次訓練的四位學員裡其中一位。顯然這位聖人習慣吸引到小而美的群體。

他的開場白直接挑明了接下來要面對的挑戰：包括從早到晚的研究、討論、測驗、各式各樣的挑戰、默觀、閱讀、寫作，以及參公案[18]，還有個人訪談，以及嚴格的期末考試。我不但要清楚理解何謂「建設性生活」（以下有時會簡稱

CL），還要在大衛密切的觀察下真正「活出」它。

一個念頭生起：丹，放輕鬆。你不需要將杯子的水倒掉一半；你只需換個大一點的杯子。

大衛．雷諾茲年少時是個成就卓著的人，他是棋社主席、中學籃球代表校隊副隊長、聖經學者、學生最高法院大法官等。由於他的家族沒有讀大學的傳統，他在高中畢業後便加入海軍，擔任駐日的無線電操作員，也就是在這時，他接觸到了影響他畢生的文化與人。服役期滿後，他上了大學，然後又攻讀研究所，獲得加州大學洛杉磯分校（UCLA）心理人類學博士學位，同期的研究所同學還有一位作家卡羅斯．卡斯塔尼達（Carlos Castaneda）。

在日本擔任心理學研究員期間，聖人找到了他自己的兩位導師：一位是知名精神科醫師森田正馬（Morita Shoma），另一位是佛教和尚吉本伊信（Ishin

---

18 禪宗術語，公案原義為中國古代官府的判決文書，而佛教所稱的公案，是指古代禪師們開悟過程的個別案例。佛教臨濟宗以「參公案」作為一種禪修方式，希望參禪者如法官一樣，判斷古代祖師的案例，以達到開悟。

Yoshimoto）。

森田先生提出了一種行為導向的療法，幫助比較敏感的人在複雜與矛盾的情緒衝突下仍能維持良好運作。他最主要的主張如下：我們對生起的念頭或不斷變化的情緒幾乎（或完全）無法控制，因此不需要對它們負責，但是我們可以控制自己的行為，因此必須為我們所做的一切負責，無論我們的感受是什麼。

森田的方法可以歸結為以下三個步驟：第一、接受你當下的感覺與念頭，將它們視為自然的（在這個脈絡下，「接受」意指單純地注意，如同在靜心冥想時所做的）。第二、選擇一個建設性的目的或目標。第三、根據你所選擇的目的，做必須做的事——這是讓你運作順利並做好事情的實用建議。所言甚是，我想，那些擅長把事情做完的人，可能比無法做完的人感覺更滿足、更快樂。

不過，由於森田的三步驟也能用於不道德的方面，因此聖人還需要一個互補的練習來平衡森田的實用主義療法。他發現了一種反思形式的練習，亦即吉本稱之為「內觀」（Naikan），意思是「向內看」。內觀既是一種默觀修練，也是一種在隨時隨地看見自己（與他人和世界之關係）的方式，它既是真實可信的，也是立體的。

內觀反思圍繞著三個核心問題，我可以在每天結束前針對我和妻子（或其他任何人）的關係反問自己。第一、我今天從他們那裡接受了什麼？第二、我給予了什麼？第三、最重要的，我造成他們那些麻煩或困難？根據聖人所說，我不需要問那個虛幻的第四個問題——他們造成我那些困難？因為聖人說，「大部分人在關注別人為我們製造了什麼麻煩這點，已經是專家了。」

大衛·雷諾茲是第一位協助專業人士將森田與吉本的方法綜合起來，成為一種生活方式的人，他後來貼切地將它命名為「建設性生活」。

除了上述的重點，聖人沒有提出任何理論、神學或抽象的概念性基礎架構，只有給予符合現實的提醒，以他的話來說，就是「削弱並超越新時代信念、心理動力學理論，以及自我成長的萬能藥。」

我後來才了解，建設性生活的吸引力相對有限，因為它不是設計來幫助人們感覺更好的，它沒有提供任何安慰，單純只是提出洞見。有些人發現聖人的方法令人不悅，特別是對心理治療師而言，因為他們的焦點是放在誠實面對自己的感覺，挖掘出古老過去的殘渣垃圾，目標是宣洩情緒，以療癒假定的情感創傷，讓患者能對自己產生更好的感受。

「感覺很重要，它們能提供有用的資訊。」聖人解釋道。（如同武僧所說，「每一種情緒的高漲都是一堂課。」）雷諾茲博士接著說，「然而，一個圍繞著情緒打轉的生活是混亂的，因為感覺與衝動不斷在變化，它們不應該主導我們的生活，也不應指使我們該做什麼。」

聖人自己的話

在一九九〇年三月的新維度電臺訪談裡，聖人以自己的經驗為例，說明何謂「接受我們的感覺，然後做必須做的事」：

我害怕飛行。至於為何害怕飛行，我覺察到很多原因，但是這些洞見從未幫助我擺脫那種恐懼，我也從來沒有找到飛行時讓我感到自在一點的方法。然而有許多年，我每年飛往日本兩次，我也會飛往夏威夷以及全美各地。儘管恐懼，我還是飛了。讓我上飛機的是我的目的：「我必須趕赴下一場演講」。阻止人們飛行的不是恐懼。他們之所以不飛，是因為他們沒買機票，或是沒有走到停機坪然後踏上飛機、綁好安全帶。

聽到這段訪談內容，我想起自己的體操訓練經驗，當時我每天都必須經歷「感受到恐懼，但還是要做」的過程。但是從那以後，我轉而投入數十年專注於自我導向的內在工作，就像許多靈性追求者一樣，目的是改善我的心理狀態，以找到滿足感與寧靜。然而聖人對現實的觀察開始動搖了這個假設。他來自「做就對了」的學派，他提醒我們，塑造我們生活的不是感覺或思想，最直接的因素是我們的作為。這就是為何森田說過：「往上坡跑的時候，你想要放棄幾次都沒有關係（心理上），只要你的腳繼續在動就好。」

有人針對害怕公開演講這件事詢問聖人，他說：「對表現感到焦慮的核心是自我導向的：**他們會喜歡我嗎？他們會討厭我嗎？我看起來怎麼樣？我會不會搞砸，讓自己出醜？**但是若將這種內在關注轉移到外在的任務上，整個經驗就會改變。」他分享吉本的忠告：「經過鏡子的時候，要注意鏡框。不快樂的人大多習慣性地將焦點放在自己的鏡中形象，快樂的人則將注意力放在鏡框——其他人與周遭的世界。」

我注意到自己自我導向的演講模式後，聖人向我提出挑戰，要我在一整天裡避免使用「我」這個字。「我」發現這個任務太難了，導致「我」張口結舌，說不出話來——這迫使我必須誠實面對一個事實，就是數十年來我一直將自己視為被許多配角圍繞的明星，過去我是家中的小王子，然後是眾所矚目的體操運動員，這招一直行得通，但是在個人的感情關係上就行不通了。

有了過去的生命經歷，加上與之前三位心靈導師相處的經驗，我更能夠欣賞聖人的方式。經歷過教授在理論和實修上按部就班的過程之後，大師的超越之光似乎正好照向了陰影處，武僧散發的自信也成了我的榜樣，啟發我創造出新的著作與教學工作，現在我已經準備好要接受聖人一直強調的：要過一個有智慧的好生活，關鍵是當下導向的、有目的的行動。

根本的現實

聖人推翻了普遍的假設，他就像「國王的新衣」那個故事裡的小男孩一樣，指出許多人——特別是新佛洛伊德（neo-Freudian）學派的治療師，錯過或否認了一件事：「沒有所謂的壓抑情緒這種事，你要不就是感覺到什麼，要不就是沒有感覺到。你怎能擁有一個沒有被感覺到的感覺？你會說擁有一個沒有被思考的思想嗎？」

關於一個人透過治療介入而恢復的壓抑記憶，聖人似乎也對此相當懷疑，他說：「那些有過創傷經驗的人，想起它並不困難，難的是忘記它。」（創傷性的腦損傷或喝酒引起的記憶空白等情況除外。）

他也指出，罪惡感對我們有好處，要我們注意罪惡感如何點出必要的行動。他舉了一個例子：「有個客戶來找我，想解決自己不常探望住在附近療養院的母親而引起的罪惡感。他問我是否能幫他消除這份折磨著他的罪惡感，於是我給他的建議是：多去探望母親。」

一位《新時代報》（*New Age*）記者詢問聖人關於靈性體驗的事，他回答：

> 我今天早上吃早餐的時候有個靈性體驗，寫電子郵件的時候也是，換衣服的時候也是……因為當我想到那些為我付出努力的人，那些支援這每一個行為的人，包括設計師、工程師、農人、卡車司機與所有這些〔人〕的父母，以及其他讓我能夠打開冰箱，並坐在電腦前的人。日常就是奇蹟，你該如何

指出哪個更「靈性」呢？

我問大衛如何培養平和的心境，他回答：「如果你的屋子著火了，一個有所警覺、行動導向的心會比平和的心更適合。最好的心是靈活的心，才能適應不斷變化的環境。」

真實世界的考驗

訓練接近尾聲的時候，有天晚上我們所有人圍著餐桌而坐，晚餐快要結束的時候，聖人要求我們閉上眼睛，說：「請回想你晚餐餐盤的花紋與顏色……還有這間房間裡燈的位置……牆壁上掛了幾面鏡子…哪裡有花朵或類似花的圖案。」

然後，他邀請我們睜開眼睛，看看自己的盤子，看看房間各處。這個練習讓我明白，現實比記憶中的畫面更為鮮明。這個練習也透露出我在吃飯和說話的時候，根本沒有注意到周遭環境——這顯示出我大部分的注意力仍放在我自身的心鏡上，而非我周遭的世界。

隔天早上，雷諾茲博士交給我和每位同學一張紙，上面有個謎語，要解開這個謎語，我們就必須在附近社區走動並仔細觀察環境，尋找謎語裡例如「單個眼睛」與「綠色吼叫」的線索。我走著走著，東張西望，終於發現一個覆蓋著苔蘚、受到風雨侵蝕、只剩下一個眼睛的獅子雕像。設計這種練習是用來讓我們的注意力在留意周遭環境的細節時，從白日夢與反覆思考的狀態中拉回到當下這一刻。

聖人也給每個人好幾則不同的ＣＬ公案，以測試我們的理解程度。以下是其中一則：

> 有位學生問我：「當我真正了解現實狀態之後，便不需要再讀你的書了，對嗎？」下一刻，她低頭躲避了一本朝她飛過去的書。我為何要把書丟向她？她如何躲避了這個問題的答案？

一個可能的答案是：無論這位學生是否會讀聖人的書，現實都會發生。她必須對每一刻做出回應，做出需要做的事——包括躲避。

雖然比起我第一次的阿里卡四十天訓練，以及密集研究大師教導的那七年，這場為期十天的訓練看似不算太久，但是過一個建設性生活要求我們做的一切，讓我與原本的生活重新建立一個簡單、清楚且直接的關係。

這就像是那句描述靈性旅程之開始、中途與結束的古老禪宗箴言：「（起初）見山是山，見水是水；（接著，經過深刻洞察之後）見山不是山，見水不是水（而是深刻且有意義的象徵）；（最後，在追尋的終點）見山仍是山，見水仍是水。」現在，日常生活就是我的修練與訓練場。

訓練課程結束之後的幾週，我發現自己的觀點、行為以及教學重點，都出現了改變。我發現自己能夠注意，甚或擁抱那些轉瞬即逝的念頭與情緒，同時又專注在當下所需。我不試圖改變自己主觀的頭腦，而是第一次真正了解到，無論我生起什麼樣的念頭與感受，我都可以在這個世界上運作得很好。

在毋需費力的情況下，日常生活已經變成一場持續的靜心冥想。只要留意，放下，做需要做的事，然後對我持續接受到的支持與幫助給予感謝。

喬伊的回憶

讀過大衛的書《建設性生活》（*Constructive Living*）之後，我的感受很矛盾。我欣賞過建設性生活這樣的概念，卻對他或他的教導比較沒那麼有共鳴。丹和我已經屬於在這個領域相對見多識廣的人，也對我們從他人那裡接收到的一切支持與幫助心存感激。話雖如此，丹選擇參加講師認證訓練課程時，我依然是全心全意的支持。

我認為丹研究建設性生活最主要的目的，不是為了他個人的靈性發展，而是為了了解大衛探究實相的方法，以補充丹自己的寧靜戰士工作。建設性生活似乎很實用、很務實，但我個人覺得它已經是件明顯的事，因此這次只有丹去深入體驗ＣＬ的方法。

對正面思考的反彈

我在完成CL訓練之後，主持的第一場研討會裡，發現自己和聖人一樣，與廣為大眾接受的心理與新時代概念潮流逆向而行。在歷經靈性追尋，並提升至更高脈輪與更廣闊的心智層級之後，能回到地球並回歸現實是件好事。但是現在我可以理解為何聖人的方法不會形成一股風潮。他對好好過生活所採取的方法雖然直截了當，卻不容易。

當人們問我一些諸如此類的問題：「我如何面對恐懼……在對話中好好表現……誠實表達自己……保持更好的健康狀態……過上小康生活……公開演講……寫一本書……認識新的人……讓屋子保持乾淨……表現得更自律？」我都會提醒他們，他們已經知道該怎麼做了。有些人對「努力一段時間」或「做就對了」這樣的回答並不滿意，他們會問：「是的，但我該如何激勵自己去『做就對了』？」無論是否受到激勵都採取行動的概念，對多數人而言都很新鮮，但其實並不陌生，例如儘管不想，但我們仍會把垃圾拿到外面或做完工作。

我在研討會裡指出，我們無法直接控制隨機生起的念頭，也因此不需要對它負責，這時有位學員舉手說：「丹，我剛完成了一個鼓勵我們練習正面思考的進階瑜伽認證課程。」

我同意擁有正面思想比擁有負面思想更愉快——如果我真能有意識控制它的話，我也想培養這種能力，「但可惜的是，」我說：「沒有人的腦袋裡安裝了垃圾郵件過濾器，我們也不會對自己說：我想我等一下再思考這個念頭。思想發生在我們身上，在我們的意識中生起，有時它們是正面的，有時是負面的。」

我請讀過正面思考相關書籍的學員舉手，許多人舉手了。「很好，」我說。「現在，讀過那本書之後，在一週或兩週內都只出現正面想法的人，手繼續舉高。」每隻手都放下了。

「啊，要是將那本書讀兩遍，認真去做每一個練習，然後用螢光筆畫重點就好了……」我接著又說：「或者，消除負面想法根本就是不切實際的概念。還有，為生起的念頭和感覺承擔太多責任，卻不為行為負起責任，也是不切實際的。」

我發現，那一刻我聽起來好像聖人。我一向要花一些時間，才能從效法的榜樣（模仿他人）轉化和找出自己的方式，來表達我所理解與體現的東西。

接著，一個問題中斷了我的內省時刻，有人問：「憤怒管理課程又如何呢？」

「憤怒管理課程並非真的在管理憤怒，而是管理行為。儘管我們的情緒、信念與環境全都會創造一些讓我們表現出特定行為的**傾向**，但我們在此的目的就是要超越那些傾向。」事實上，我們一直在做這件事——你記得自己上一次不想去上班（或上學）的時候依然去了，或是不想工作卻仍然完成進度的時候嗎？

我回想起我的朋友和體操隊友瑞克·菲爾德（Rick Field），他的人生堪稱模範。根據佛瑞教練的說法，瑞克是「我所見過的體操選手中，唯一一個每次訓練都端出完美表現的人。」中學時，瑞克自稱「過重、不擅長運動、大部分的成績都是C」，但自從進入高中開始，在漠不關心的繼父不斷揶揄他好幾年之後，「有個東西突然咔嚓一聲，我發誓從那時開始，我在高中和大學都要得到全A的成績，而且要變成一個頂尖的體操選手。」瑞克這麼告訴我。

瑞克重新整頓了自己的生活與優先順序，以實現他對自己的誓言。缺乏的天賦，他用紀律來彌補。在體育館裡，他的動作絕不鬆散。他獲得全A的成績，而且繼續攻讀物理學博士學位，並和朋友兼同事理查·費曼（Richard Feynman）[19] 一同撰寫了五篇論文，教授理論物理學多年。（瑞克·菲爾德有一個妹妹叫莎莉·菲爾德〔Sally Field〕，是一位十分傑出的演員。）

我也受到其他隊友的啟發，例如艾瑞克．科爾切斯內，由於童年罹患小兒麻痺，所以當初他是拄著拐杖和腿部支架走進隊上練習室的，但是他後來在吊環項目獲得了聯盟冠軍。還有湯姆．布魯斯（Tom Bruce），雖然是法定盲人，他卻不曾漏掉任何一場訓練活動。

我人生早期的這幾位榜樣，例如瑞克、艾瑞克和湯姆，讓我在遇見四位心靈導師很久之前，就已經過著建設性生活了。我甚至當時就明白行動比話語重要，或者套一句E.M.佛斯特（E.M.Forster）的話：「在我看見自己做了什麼之前，我怎麼知道自己在想什麼？」

19 近代最具影響力的美國理論物理學家，量子電動力學創始人之一，納米技術之父，為一九六五年諾貝爾物理學獎得主。

開悟的另一種看法

有一些靈性傳統的核心要旨是透過脈輪將意識提升至更高境界。事實上，我曾想像覺醒是一個戲劇性事件，充滿著狂喜的意象，以及至樂、平靜、和諧與幸福的感受。而現在，我更加偏向於這樣的禪宗定義來過生活：「餓了，就吃。渴了，就喝。累了，就休息。」——跟著「道」或者自然一起流動，在每一刻來臨的當下做出回應，沒有多餘的複雜狀況。

從這個觀點來看，聖人的「邁向開悟六階梯」（Six Stair Steps to Enlightenment）與教授的「意識層次」、大師的「人生七階段」都形成了鮮明的對比。我筆記概述的六階梯如下：

第一階：我心煩意亂，甚至沒注意到自己的房間亂七八糟。

第二階：我心煩意亂，但我注意到自己的房間亂七八糟，讓我更懊惱的是，我要住在這個亂七八糟的房間裡，但我什麼都沒做。

第三階：我心煩意亂，但我注意到自己的房間亂七八糟後便開始清理，試圖減輕我心煩意亂的感受。

第四階：我心煩意亂，也注意到我的房間亂七八糟，我清理房間是因為房間亂七八糟，需要清理（從以感覺為中心轉變到以目的為中心的行為）。我仍相信房間只能透過我自己的努力才能變乾淨。

第五階：我依然心煩意亂，我注意到亂七八糟的房間並且清理了它，這要歸功於教我使用吸塵器的父母、吸塵器的發明者，以及提供電力的人。不再是某個單一的英雄角色在創造我的人生，我是無數人組成的團隊其中一分子。我了解沒有所謂憑一己之力創造的成功。

第六階：我可能依然受到憤怒、悲傷和恐懼的困擾，也就是說，我的情緒不見得已經改變，但是當我注意到房間亂七八糟，我將自己視為現實完成工作的管道。由於許多人的支持與幫助，清理才能發生。（現在我們已經踏入禪的領域。）

聖人提醒我，沒有人能永久達到最後一階，在現實狀態裡，我們無時無刻都在這些階梯上上下下。

我的訓練筆記裡也包含了一則值得發人省思的ＣＬ公案：「你寧願和一位行為像瘋子的佛住在一起，還是和一位行為像佛的瘋子住在一起？」換句話說，哪個比較重要：是一個人的內在生活，還是他們帶給這個世界的行為？這個公案不需要一個答案，但卻是一個有益且值得思考的問題。

新的洞見，新的行為

我的每一本書都是標記著我的靈性進化史與職業生涯的里程碑。一九九六年冬天，我從聖人那裡收穫的洞見，讓我在多年前構思的著作《日常開悟》裡關於「十二個個人成長場域」中的若干部分，獲得了啟發。

到了這時候，由於聖人的提醒，我不再鼓勵任何人去感受快樂或感恩、慈愛或平靜、勇氣或自信或仁慈，而是鼓勵他們去表現出這樣的行為。這個建議讓一些人留下了虛假的印象，像是明明覺得生氣卻假裝心平氣和。還有些人誤把我的話當成是那句流傳已久的迷因「弄假直到成真」（Fake it 'til you make it）。然而，這和假裝感覺到什麼或努力製造出那些感覺一點關係也沒有，它和採取行動有關。

為了釐清這個新方法，我問大家：「假如你很害怕衝進著火的屋子拯救一個孩子，但是你還是做了——覺得害怕卻做出充滿勇氣的行為，那是什麼情況？」（拳擊教練庫斯．達馬托〔Cus D'Amato〕說的好：「英雄與懦夫感受到同樣的恐懼，他們只是做出不一樣的回應。」）

感到害怕卻表現勇敢的例子也適用於其他情緒和行為，例如感到害羞卻表現出自信，或感到惱怒卻表現出禮貌。當然，這是一種習得的技巧，但是一如其他技巧，勤加練習就能進步。

一連串的片刻

如同聖人所說，我在教學裡指出，人生是由一連串的片刻構成的。我們每個人都有穩定的也有神經質的片刻，有明智的也有無知的片刻，有不理性的也有開悟的片刻。

因此有人在研討會後來找我，說：「丹，我覺得深受啟發。」我只能回答：「別擔心，這會過去的。」

由於啟發會過去，動機也是來來去去，於是當該寫作或該運動或做任何我該做的事時，我不再追求或依賴它們，那也是我為何會推薦他人這個做法，也是我自己的做法：選擇一個目標，然後長時間付出努力。夢想可以大，但要從小地方開始，然後將各個點連接起來。

有一次我在演講完後簽書，一位讀者對我說：「丹，你看起來真是個好人。」

「有時候。」我回答。

一條崇高卻充滿挑戰的路

幾乎就在我將「現實的提醒」整合至我自己的教學工作裡的同時，我發現與那些已經習慣得到支持性、啟發性、激勵性訊息的學員分享「建設性生活」的觀點，是件充滿挑戰的事。

在武僧對「基本我」的戲劇性訴求中乘風破浪多年後，我現在明白了，很少人願意思考「我的人生其實虧欠了無數人」這件事，或是願意在忽略自己感受的情況下繼續保持運作。或許這也是為什麼人們對這些提醒的反應，就像是難以下嚥的苦口良藥。

教導（或活出）CL原則會遇到挑戰，不代表聖人就是錯的。（現實怎會是錯的呢？）和導師拜倫·凱蒂（Byron Katie）一樣，聖人也是現實的最大擁護者與信徒之一。但是凱蒂給了那些飽受折磨的人四個必須回答的問題——讓他們運用後便不再抗拒現實，開始擁抱現實的技巧。（人們確實喜愛幫助他們感覺更好的技巧和程序。）

我依然不確定CL技巧是否改變了人們的行為，或者，反而是選擇性地吸引到一些本來就熱衷於自我批判的利他主義者。我發現很少人（包括我）能始終如一地達到聖人的崇高標準。舉例而言，其他老師都建議固定散步，聖人則是將它提高一個層次，鼓勵散步時隨身帶一個垃圾袋，沿路撿拾垃圾。

有些批判聖人方法的人指出，他比較適合日本文化。聖人一般會回答：「索尼、豐田、三菱的產品在其他地方也都運轉良好。」一點也沒錯，但是一部豐田轎車和一份教導完全不同。「內觀」反思可能對那些與日本文化和民族性有共鳴的人最有效。（在CL講師的聚會上，我發現大家的行為舉止開始越來越像傳統日本人，只差沒對彼此鞠躬。）

第一次見到聖人的時候，我已經是位有些資歷的老師，只是在尋找一些新的觀點，讓我的方法更加完善。我用對待前幾位心靈導師的同樣方式來對待他的CL教誨，深入這些知識摸索自己的路，這是一種看待現實與世界的新方式。

在那之後我便後退了一步。我領悟到很少人（包括我的工作坊學員）能夠準備好實踐CL教誨。我再次回到了寧靜戰士之道。我處理一門新學問的方式和我對每一位心靈導師曾做過的一樣——吸收我所學到的精要部分，將它體現出來，然後以我自己的方式、透過我自己的話語和我的生活將它們表達出來。

我對大衛·雷諾茲和他的教導永遠感激在心，我們也仍維持著相互尊重的合作關係。

四位心靈導師的生與死

該是拋下過去，以我自己的聲音發言的時候了，同時對於我在這本書裡介紹過的每一位心靈導師，我仍會在記憶裡為他們保留一個特別的位置。

教授無可匹敵的靈性課程與修練方式，透過呼吸與動作來整合專注力與身體活力，是為了激發自我認識以臻至照見境界而設計的。

大師的超越教誨提供了一種多數獨立自主的西方人鮮少遇到過的（或想要的）關係：要求你付出一切，然後以「神賜」或恩典的形式，回饋一個開悟的生活方式。

武僧待我如朋友，在我需要的時候提供了肯定與確認感，並為我開啟一個能與他人分享的新願景。

聖人務實的教誨幫助了我重新連結上一個簡單的現實，亦即人生歸根究底在於你時時刻刻的所作所為，而且需要無數人的支持與幫助。

今時今日我回想起這些心靈導師的時候，並不視他們為教授、大師、武僧和聖人，而是奧斯卡、法蘭克林、麥可與大衛——身為凡人的他們，結合自身的天分、渴望與經驗，在它們的引領下航向一個出乎意料的人生，就如你我的人生一樣。

我在撰寫這部回憶錄的時候，聖人仍健在，年紀約八十出頭，與妻子住在奧勒崗州海岸，其他三位心靈導師則已永遠成為回憶。

教授，亦即奧斯卡·伊察索，晚年在夏威夷的茂宜島度過餘生，於二〇二〇年壽終正寢，享年八十九歲。他的一些長篇著作或許有一天會出版，但是他贈予全人類的阿里卡學校及其課程，目前依然如雪地下的餘燼般悄悄燃燒著，成為他永遠的遺產。

在生命中的最後幾十年又改名為「阿迪·達」的大師，在斐濟島的聖所過著隱居與創作視覺藝術作品的日子，於二〇〇八年死於心臟病突發，享年六十九歲。雖然他在多年前曾說過「死的大師就不屌了」這樣的話，但大多仍住在斐濟、他剩下的一些追隨者證明，他們比以前更能夠感受到他的存在。有一些年紀更長、更有智慧的前學員，很高興能將過去那段日子拋到腦後，但有一小群人仍對他十分懷念，而我們所有人都帶著一小部分他曾經的光明與陰暗面。

麥可·布肯德，武僧，回到了阿拉斯加，他鍾愛的阿爾耶斯卡，他在那裡改名為「雪豹」（Snow Leopard）。令人難過與諷刺的是，這位曾經意氣風發、將人們從迷信中拯救出來的老師，顯然創造出一個他自己的迷信，其成員會用一些浪漫化的頭銜稱呼他，例如牧師大人、指揮官、美克旺首席醫師（Miquon Medicine Chief）等。他於一九九九年因一場中風過世，得年五十五歲，擁有一個曾服務及感動了許多人，活躍而又戲劇化的人生。

對於這些心靈導師，我衡量他們的方式不是他們如何死，而是如何活過一生；

不是依據他們的任何缺陷，而是他們的重要貢獻。

與蘇格拉底的對話

我獨自在公園散步，在一個感受到遼闊的瞬間，我大聲對自己說：「喔，天啊，不再尋尋覓覓的感覺多麼平靜——」

你在開玩笑嗎？一個熟悉的聲音傳來。

「呃，我幹嘛跟你開玩笑？」

那麼你是在跟你自己開玩笑，小子。你當然還在尋尋覓覓著什麼東西，如果不是，你倒不如躺平安息，充當花花草草的養分算了。渴望著什麼是創造出精彩文學與生活的動力。或許你不是在追尋涅槃，或許你不需要再證明什麼，但是你難道不是在尋找如何幫助他人、分享新的觀點？

「嗯，當然，但我不再感受到那種迫切感。不像我過去——我現在很滿足於過一個建設性生活——」

你現在說話聽起來和大衛・雷諾茲那個傢伙一模一樣，順帶一提，在我眼裡他的胡說八道評價很低。

「我同意。那就是為何在我經歷如教授、大師，以及戲劇化的武僧那些重砲手之後，他會吸引我的原因。總之，就像我說過的，我很滿足於置身在地球上的此地，就在我現在的位置，如你提醒我的——」

如你一向了解的，丹，否則你不會將它寫出來。

「但或許是直到我寫出來我才了解。」

我不知道——我不是那個寫的人。

「但你是啟發這一切的繆斯，蘇格拉底！」

很高興我受到賞識，即便我並非真的存在。

「這點仍有爭議。」

那麼，關於這第四位心靈導師，以及他對現實那務實、平凡的教誨，七十五歲的丹・米爾曼現在有什麼話要說呢？

「嗯，你記得彼得潘是怎麼回到溫蒂家找回他的影子嗎？透過聖人的幫助，我找到了自己的影子。」

你有用肥皂把它黏回去嗎？（顯然他知道彼得潘的故事。）

「很好笑，老蘇。反正，大部分的時間裡，我都覺得大衛·雷諾茲很務實。但他其實也很理想化，有著高入雲霄的崇高標準。我不可能因為『垃圾應該被撿起來』或『環境清潔必須有人做』的理由而隨身帶著垃圾袋撿垃圾。」

說到怪癖，我注意到你的一個——

「只有一個？那還真是好消息！」

我注意到你尋找心靈導師的方式，都是一頭深深栽進去，後來才發現其缺陷？

「我不知道你也是個心理分析師。」

榮格和我很親近。佛洛伊德嘛，就沒那麼親了。

「那麼，深入一種教誨，然後再繼續往前走有什麼錯嗎？我有義務要永遠追隨同一個老師嗎？」

只是可以注意一下——

「說到注意——我讓你上線之後，可以這麼說的話——你知道正念變得多流行嗎？有好多關於它的書籍和課程！對我來說，正念的重點歸根究底就是注意當下時刻發生的、如其所是的一切。我的意思是，還有什麼重點？喔——『留意生起的念頭與感覺』就是正念靜心冥想，不過留意我們周遭發生的事似乎更重要——注意鏡框，如聖人所說。」

你這些解釋是多此一舉，小子。

「反正，回到我的靈性大雜燴來說：我希望我的讀者和學生能效法我的做法——享受我的作品，然後就繼續往前走。在他們自己的道路上，我只是路過的一座橋。」

可敬可佩。

「別敷衍我。」

我說真的，不然你覺得我為什麼這麼多年來都對你不離不棄？

「所以，這是該來個擁抱的時刻嗎？」

不是吧。

「嗯，我只是提出所有的想法，任人評說，但對我來說，似乎大部分的人都在尋找一些方法，以幫助他們更常擁有美好的感受，或減少不好的感受。他們希望受到啟發。若有人對我說他們將《深夜加油站遇見蘇格拉底》讀了好幾遍，我會很想建議他們，不如多讀一次我其他本書會更好。」

好書太多，時間太少。

「這讓我想回歸一個很基本的概念，就是永遠沒有最好的老師、宗教、書籍、道路、飲食習慣或任何事情——只能說在每個人人生特定一段時間內對我們最好的。」

尊重每個人的過程——很適合作結的句子。在他從我腦海消失，回到位於我的心靈居所前，我聽見他這麼說。

PART 3

新世紀的教學與學習

敢於從事教學的人，就必須永不停止學習。

——約翰．科頓．達納（John Cotton Dana）

多年來，我的工作不斷進化，我自己也是。到了二〇〇〇年，以及後來的二十多年裡，我的教學方法一直隨著時間而改變，一直保持不變的是作為這些工作基礎的法則與原則。身為老師，我持續精進自己的同理與溝通技巧，而身為學生，我努力保有一顆初學者的心，對有助於他人的新興課程保持著開放的態度。

最近這些年，我獲得更多直接來自日常生活的學習經驗，這些經驗不但讓我體會到自身的渺小，也充滿了幽默感。

第十三章

靈光一現

我持續追求實用智慧的其中一個方式，是參加雷布·安德森（Reb Anderson）禪師的一系列晚間演講，他是舊金山禪修中心（San Francisco Zen Center）的住持，由鈴木俊隆（Shunryu Suzuki）禪師授戒。禪師指導我們基本的打坐方法之後，語出驚人地說正確的靜坐有兩個必要條件：「首先，你需要一個穩固的姿勢。第二，你必須死。」當然，他的意思是心理上的死亡，要真正放下各種令人分心的事與執著，以超越頭腦和這個世界。

他的觀察、他言談間的清明與無聲威信，也讓我留下了極為深刻的印象。二十年後，禪師這段令人心頭一震的陳述成為我的小說《隱藏的學校》（*The Hidden School*）裡的一個元素，隨後激發我創造並講授一種針對死亡過程的靜心冥想——一場逐步放棄時間、目標、關係以及所有感官的預演。我在正式講授這個四分鐘的靜心冥想之前，持續練習了一年多，它讓我對生命的贈與生起更深刻的感激之情。

沒有藉口

根據那句諺語：「聽之則忘之，見之則記之，行知則了之。」我的工作坊對參加者提出的挑戰是克服自我懷疑並超越假設的限制。例如，二〇〇四年時，在一座位於德州奧斯丁外圍的靜修中心裡，我們在禮拜天早晨做喚醒戰士精神的練習，其中一個是必須用跆拳道將約三公分厚的松木板打破。

我已經示範這個擊破練習很多次——先是做好弓箭步姿勢，再猛然以手刀劃過木板——因此能完全掌握這個動作在心理、情緒與身體上需要運用到的資源，以及清晰的意圖、專注和力量。每個人必須想「透」木板，而非只是想著它。「生命會發展出它需要的東西，」我提醒學員。「你們每個人都必須用上最正確的技巧，以及強大的精神力量。」

我負責教技巧；他們每個人負責將精神力量帶進任務中。當每個人跪下看著下方的木板，我就知道誰能成功擊破。（無法擊破木板的人會退到線上，獲得另一次機會，如果第二次嘗試也失敗，我會拿一把錘子給他，讓他完成任務——技術上雖然失敗，但起碼獲得滿足感。）

第一位自願者通常是男性，個頭比較大，也比較有自信，有些還有跆拳道經驗。但是這次，有位名叫梅琪·紐曼的嬌小女子自願上前，然後告訴我：第一，她從來沒有打破過木板；第二，她慣用的右手受傷了，所以她必須使用左手；第三，今天是她七十九歲生日。梅琪帶著老虎般的眼神與精神力量，毫不猶豫地擊破了木板。在那之後，屋裡再也沒有人有藉口了。我後來得知，梅琪是太極拳大師鄭曼青的資深弟子，長期都在紐約教授太極拳。

喚醒戰士之魂

另一個重要的學習機會出現在一個名為麥特·湯瑪斯的人身上，他是我之前史丹佛體操隊的學生。在麥特就讀大學醫學預科與心理學期間與之後，他已經獲得多個黑帶，並在後來創造出一套在真實世界運作的防身術：「模擬犯案」（Model Mugging）——這正是我年輕時尋找的東西。我在他的監督下，完成了數個訓練課程。

二〇〇〇年初，麥特的系統被美國海軍陸戰隊特種作戰小隊前指揮官比爾·基普採用並改良，創建了恐懼腎上腺素壓力訓練（FAST Defense）系統。比爾還增加了增進覺知、閃躲與迴避技術、設定界限、口頭防衛與增能訓練的課程。完成了比爾的FAST Defense講師訓練課程之後，我已獲得充分訓練，至少大大提升了我對抗一個徒手（或武裝）攻擊者的能力，也足以對抗多個徒手襲擊者。

在二〇〇五與二〇〇六年，我也接受了弗拉基米爾·瓦希里耶夫（Vladimir Vasiliev）的訓練，他是位於加拿大多倫多的俄羅斯西斯特瑪（Systema）武術學校創辦人。這個有益健康又有效率的戰鬥運動系統歷經數百年演化至今，沒有以腰帶顏色區分的段級制度、沒有特別的制服、沒有嚴格的技術或攻擊排演，它重視的是學生是否能化解攻擊的本能反應——這彷彿在學習一種新的運動語言。我加入了一個位於莫斯科的西斯特瑪團體，我們在當地的一個特種部隊基地進行訓練，完成了名為「雷暴」的障礙賽。後來，我們之中有些人參訪了位於聖彼得堡附近，拉多加湖中的瓦拉姆修道院，而它也成為我的小說《蘇格拉底的旅程》中的一個關鍵場所。

這些人生晚期的戰士精神訓練，在童年遭受霸凌的記憶早已從我人生中褪去多年之後，為我帶來了一份寧靜與安全感。

一個讓世界更美好的小小舉動

撰寫《蘇格拉底的旅程》這本書的時候，我有一股衝動想要聯絡我之前的英文老師湯普森先生，我已經四十年沒見到他了。我在洛杉磯就讀的那所高中已經沒有任何聯絡方式，因為湯普森老師早已退休多年。但是我迫切的心仍堅持找到他，因此我打電話給教育董事會，說明自己想要聯絡舊時一位我所欽佩的老師。

職員手上的名單裡有許多姓湯普森的人，他問我他的名字是什麼，我說：

「嗯……什麼先生呢？」接著我突然想起來：「他的名字是科克蘭，對了！科克蘭．湯普森。」我依然可以想起他溫暖微笑的樣子，臉上還有一個幼時做脣裂手術留下的傷疤。

「我找到他的資料了，」職員回答，「但我不知道這是不是最新的。無論什麼原因，我都不被允許洩漏私人資料，但你可以寄一封信到辦公室，我們會盡力幫你轉達。」

儘管成功機率不大，但也只能如此了。因此，我寫了一封信給湯普森先生，表達我對他的感謝，謝謝他的機智、熱情與鼓勵，間接引領我踏入寫作與演講的職業生涯——我描述他如何重新喚醒了我心中對閱讀和寫作的熱愛，以及相信他在多年的教學生涯裡，都以同樣的態度對待無數莘莘學子。我將信封起來，心裡明白他可能永遠不會收到這封信，甚至不知道他是否還活著，然後我便回頭去寫作了。

大約三個禮拜之後，我收到了一封回信——不是來自湯普森先生，而是他的女兒瑪麗，她寫信告訴我，我年邁的老師住在安寧病房，讀到我的信時流下了眼淚，兩天之後便過世了。一個禮拜後，她在他的追思會上朗讀她父親最喜愛的、摘錄自莎士比亞著作的段落，以及我的信。

第十四章

道路仍在繼續

我將生命視為一本好書，
你越深入它，就越能領略其中道理。
——哈洛德．庫希納（Harold Kushner）

二〇〇六年五月的一天清早，我在進行例行的每週健身活動時，騎著腳踏車爬了兩段陡峭的上坡路，雖然路途很短，卻需要極強的爆發力。爬坡很辛苦，下坡則非常愉快。騎到底端的時候，由於我的速度很快，我習慣性地做了一個大轉彎——然後我摔倒了。

那天晚上，我拄著拐杖參加《深夜加油站遇見蘇格拉底》的電影首映會，我受邀在電影結束後發表一小段談話。等到掌聲結束，燈光亮起，我緩緩地撐著拐杖走到戲院的前方。我腳踝處的彈性繃帶被牛仔褲遮住，所以有少數觀眾在竊笑，以為我在開玩笑，因為我在電影裡的角色有段時間也拄著拐杖。

「今天早上，我騎著腳踏車衝向一個陡峭的下坡路，一輛卡車突然出現，剛好就在我的路線上。為了避免衝撞，我讓腳踏車往下倒——這個決定讓我的腳踝三處骨折。」我解釋了當天早上發生的慘案之後，笑聲才消失，這次意外距離片中描述的摩托車車禍剛好屆滿四十週年。

「顯然，」我補充道，「在我們學到教訓之前，它會一再重複出現。我終於知道自己不再是二十五歲的小夥子，該是時候減少那些曾經在彈翻床比賽上讓我獲獎無數的高風險行為了。」觀眾可能感謝我抱傷出席，但我不可能錯過這次首映的。這座戲院距離我年少時駐足的加油站，只隔了兩個街區。

雖然我教導寧靜戰士之道，但其實道路也在教導我。

持續教和學

我的教學工作持續進行，其中不乏幽默與令人自嘆渺小的時刻：二〇〇八年，當時我仍在雲端享受著《深夜加油站遇見蘇格拉底》電影發行帶來的高人氣，也主持了一個週末工作坊，參加的學員大約一百人。週末聚會後，在餘味不絕、意猶未盡的氣氛下，會場主持人最後分享一些行政方面的事，我只簡短說了幾句結語。當時我已經收拾好東西，好整以暇地準備開車回家，於是我用了一個「每一刻都帶著正念修練」的簡單故事做結尾，便跟觀眾道再見。

觀眾開始鼓掌，我的主持人也坐下開始講話，而我則朝著大門走去。這時有人叫住我：「嘿，丹，你還戴著你的無線麥克風呢！」我露出尷尬的微笑，走回去將麥克風交還給主持人，然後再次往門口走去。有幾個人看到我迷航的樣子覺得好玩，又大叫：「丹，你的筆記本！」喔喔，我又轉身抓起掉落在門邊的筆記本，然後揮揮手離開。

走到車子旁邊，我才發現自己把風衣和車鑰匙忘在行政人員的椅子後方，我不想打擾他或中斷活動，便詢問一位剛好在房間外的學員是否願意安靜地幫我把東西拿出來。然後，我聽見裡面傳出陣陣大笑，原來他們已經發現，有人正在幫我取回我在匆忙間只記得帶「正念」離開，卻忘記帶走的物品。

道路的基礎

這個真實故事描述了我多年來從四位心靈導師和其他人生經驗裡學到的各個方面。那麼，這一切總結歸納起來是什麼呢？我如今教導的是什麼樣的原則與修練呢？

我正式的教學工作是在一九八〇年代中期開始的，當時它只是一塊東拼西湊的拼布，反映出我那些心靈導師對我的影響與溝通方式。有時候我說話像教授，有時候則像大師或武僧，有時候像聖人。想像一個裝滿了水的大水晶缸，裡面滿是許多教誨那閃閃發光、繽紛多彩的碎片——各種原則、修練、觀點等，都攪動成一個漩渦，直到最後，它們才沉澱到最底部，只剩下我自己清晰的所見。

同時，我的書也在「自我成長」類別裡找到了自己的位置。以歷史角度而言，我有許多良師益友，人類潛能運動的發展有很大部分要歸功於古老的自我成長導師，例如道家的老子與莊子、孔子學說；希臘雅典的哲學家蘇格拉底與柏拉圖；斯多葛學派的愛比克泰德（Epictetus）與奧理略（Marcus Aurelius）；波斯詩人魯米（Rumi）、哈菲茲（Hafiz）與紀伯倫（Gibran）；吠檀多學派的聖人與禪宗的禪師；超驗主義者（transcendentalist）；作家愛默生（Ralph Waldo Emerson）與亨利・梭羅（Henry David Thoreau），以及當代崛起的現代教誨。

現今，我主要的教學目標並未放在激勵或啟發聽者，因為這些感覺是來來去去的，我所做的是埋下種子，等待它在將來需要的時候開花結果，也就是提供一個針對大格局的提醒與指引。最重要的是，我力求表達清晰，並且相對上做到不用術語。

我在撰寫《深夜加油站遇見蘇格拉底》的時候，對我來說，似乎每道彩虹盡頭的那一壇金子就是對幸福快樂的保證。自那時起，我開始相信我們最渴望的就是一份價值感與意義，一份連結與使命感。

那樣的使命感，我在年少的運動員生涯裡曾經擁有，隨後失去，後來又尋回，它在我的寫作裡佔據了最重要的位置。我也會談論如何隨著改變的浪潮乘風破浪，消除壓力帶來的負面影響，活在當下。我所分享的一切都是憑藉直覺，自然而然地從我累積多年的經驗裡流露的。

喬伊的回憶

過去幾年來，我和丹的關係日益深刻而豐富。他在許多方面就是我私人的心靈導師，我有時也會為他提供指引。今天，我們擁抱彼此的差異，以平等的身分共同生活。我們感謝自己所經歷的一切，就某種意義而言豐富了我們的家庭生活，也觸動到他人的生命。每一天在一起的時光，我們都心存感激。

尾聲

此時此地

尋找神、開悟與實相，就像在一片雪地裡尋求一條路。如果路不存在，而你在尋找一條路，邁步走吧，那就是你的路。

——多瑪斯．牟敦（Thomas Merton）

雖然有些人將我視為靈性導師，但我從未這麼看待自己。然而，如果靈性就是道出生命更高遠的希望並指向超越的潛能，我便接受這樣的指定角色。打從年少開始，我就一直透過身體與靈性搭上線。現在，我則是將所有的技巧與方法暫時拋到一邊，與生活中生起的每一刻建立直接的關係。

在我的經驗裡，靜心冥想與內觀，搭配呼吸練習與飲食上的改善，有助於讓人們產生健全的整體性觀點，從而在面對逆境時展現韌性。認識自己的性格傾向並偶爾超越它為我開闢了一條路，讓我能用較為輕鬆、愉快的角度看待自己與這個世界，及其變幻無常的劇情。

今天，喬伊和我住在紐約布魯克林，走路便可到我兩個女兒、她們的先生和三個孫兒女住的地方。在我自己的學生、朋友們組成的靈性大家庭裡，只要接獲邀請，我便去講學；只要能力所及，我便持續學習；只要還活著，我便盡力服務。

大自然依舊是我最有智慧的老師，不斷向我透露她豐富的祕密。好比今天早上，我在布魯克林展望公園沿著小路散步，抬頭瞥見一片金黃色的葉子在晨光中閃耀，也看見了長著薄翅的蜉蝣，牠們的生命不是以月或週來計算，而是一天之中的短短幾個小時，提醒著我生命短暫的本質。

如今，我的人生已過半，回首的歲月比展望的還要多，這讓我想起自己的死亡，反過來讓我這個被給予的生命有了意義。

回家路上，一個念頭出現：蘇格拉底依然活在我心中，他的聲音就是我自己的聲音，為我指點迷津。帶著寧靜之心與戰士之魂，我透過我的繆斯與我的心靈導師，這些我永遠由衷感激的人，找到了一條讓我的頭腦能夠飛至雲端，雙腳卻依然踏實於大地的路。

補充說明

欲得知更多關於四位心靈導師的資訊，包括他們的照片與重要著作，以及我的生活照片和影片，請造訪我的官網：

www.peacefulwarrior.com/fourmentors

致謝

在此向以下的人表達由衷感謝：

我的妻子喬伊讀過本書的每一份初稿並提供意見，包括最初寫得過長的五百頁版本，一直到第九份初稿——她完成了一項艱鉅的任務。因為她的影響，我成為了更好的作家（和更好的人）。

我的女兒席亞拉·普拉薩達（Sierra Prasada），作家、配音員與編輯，她讀了好幾份初稿，以敏銳的眼光和辨別力幫助我找到故事的核心。

我長期合作的自由編輯南希·卡爾頓，在初期為我提供即時的指引，並在本書最後階段仔細修潤。

我早期的讀者馬丁·亞當斯（Martin Adams）、黛安·米爾曼（Diane Millman）（也是我的姐妹）、大衛·莫耶（David Moyer）、桑德拉·塞奇比爾（Sandra Sedgbeer），以及貝絲·威爾遜（Beth Wilson），他們每位都為我提供了獨特且有益的觀點。

我的老朋友與隊友赫柏·所羅門（Herb Solomon）審閱了關於奧斯卡·伊察索（教授）的部分內容，釐清了一些地方並提供建議。

作家與文學經紀人斯蒂芬·漢塞爾曼（Stephen Hanselman），閱讀了後來的初稿版本並提供如何提升作品的實用建議。

我在新世界圖書館（New World Library）出版社的編輯傑森·加德納（Jason Gardner）與克里斯汀·卡什曼（Kristen Cashman），提供特別協助的 theBook-Designers 封面藝術家們，以及字體設計師托納·皮爾斯·邁爾斯（Tona Pearce Myers），他們共同將本書的數位稿蛻變為實體出版的藝術作品。我也要謝謝協助校對的朱迪思·里奧托（Judith Riotto）與製作索引的傑斯·克拉森—賴特（Jess Klaassen-Wright），謝謝他們以優秀的專業對本書及讀者的付出。在本書尚未出版前，出版社行銷主管暨副社長門羅·馬格魯（Munro Magruder）德與媒體宣傳主管莫妮克·穆倫坎普（Monique Muhlenkamp）已開始宣傳本書，告知讀者相關訊息。

我也要謝謝我的女兒席亞拉與HiSierrafim Audio的塞拉菲姆·斯米格爾斯基（Serafim Smigelskiy），感謝他們以優秀的專業與全套服務製作這部回憶錄的有聲書版本。最後，我一直從我與柏克萊大學隊友的回憶裡汲取靈感，這些回憶隨著歲月過去日益鮮明，他們是：瑞克·菲爾德（Rick Field）、席德·佛洛丹斯頓（Sid Freudenstein）、赫柏·所羅門（Herb Solomon）、加里·戴蒙德（Gary Diamond）、喬什·羅賓遜（Josh Robison）、湯姆·布魯斯（Tom Bruce）、艾瑞克·科爾切斯內（Eric Courchesne）、阿特·勞埃德（Art Lloyd）、查克·詹納（Chuck Jenner）、藤本比爾（Bill Fujimoto）、帕特·貝利（Pat Bailey）、丹尼斯·羅（Dennis Rowe）、喬爾·特普（Joel Tepp）、保羅·本亞（Paul Benya）、吉姆·林德斯特羅姆（Jim Lindstrom）、菲爾·洛克威爾（Phil Rockwell）、賈德·哈蒙（Judd Hammon）、史考特·斯旺頓（Scott Swanton）、朗尼·卡普（Lonnie Kapp）、約翰·福特（John Ford）、保羅·奧雷基亞（Paul Orrechia）、保羅·紐曼（Paul Newman）、克羅德·欽（Crodd Chin）、史蒂夫·扎姆（Steve Zahm）、雷伊·哈德利（Ray Hadley）、麥克·薩瑟蘭（Mac Sutherland）、湯姆·法希內爾（Tom Fashinell）；還有我後來執教的史丹佛大學體操隊，包括史蒂夫·哈格（Steve Hug）、鮑伯·安德森（Bob Anderson）、赫克托·內夫（Hector Neff）、宮本泰德（Ted Miyamoto）、喬治·梅（George May）、霍華德·貝森（Howard Bessen）、里奧·霍爾伯格（Leo Holberg）、鮑勃·霍洛維茨（Bob Horowitz）、布萊恩·摩根（Brian Morgan）、默里·凱法特（Murray Kephart）、約翰·懷特（John White）、肖恩·斯凱瑞特（Shawn Skerrett），以及早期隊伍裡的史蒂夫·羅謝爾（Steve Rochelle）、丹·楊（Dan Young）、克里斯·哈羅德（Chris Harrold）、史蒂夫·布萊森（Steve Bryson），以及理查德·杰羅姆（Richard Jerome）。雖然他們的技巧程度各有不同，但都是性格堅強的年輕人，往後都在其各自的研究所領域做出重要貢獻。

以下一些人雖然沒有在本書提及，但我也應該在此感謝他們：大一的時候我結交了貝蒂與奧斯汀·愛德華茲夫婦，他們對我敞開自己的家、自己的心和食物儲藏室。多年後，在我剛認識大師最初的幾個月，健身先驅雅頓·津恩（Arden Zinn）在我和喬伊回到舊金山灣區前，聘請我前往喬治亞的亞特蘭大為一群生氣勃勃的女孩組成的體操隊執教九個月。

我的生命因為擁有無數效法的榜樣而變得更豐富，包括我的父親與母親、孩提時代的朋友、武術老師、教練、隊友、學生，以及一路走來遇見的其他人。雖然我四位主要的心靈導師都是男性，但我在《寧靜戰士的神聖旅程》與《鹿智者的心靈法則》這兩本書中，介紹過擔綱書中要角的兩位智慧女性。我對生命中的女性充滿感激，無論是在實際生活中或小說裡——最為生動鮮明的是我的女兒荷莉、席亞拉和琪娜，以及我的妻子喬伊，她從一開始就是我的繆斯、榜樣、我的北極星與真正的羅盤。

我在全球 Covid-19 病毒開始大流行的最初幾個月著手撰寫這本書，因此我也要感謝所有醫護專業人員、公僕、老師，以及其他堅守崗位才能讓我們的社會繼續運轉的必要工作人員。展望未來，願這個不幸的時刻賦予我們堅韌的力量、正確的觀點與感謝的心；願我們栽種的樹木結出甜美的果實，我們雖永遠無法品嚐，卻能造福往後的世世代代。

HEART
心｜視野　心視野系列 105

蘇格拉底教我的最後一堂課

當百萬暢銷作家遇見心靈大師，關於人生的終極解答

Peaceful Heart, Warrior Spirit

作　　者　丹・米爾曼（Dan Millman）
譯　　者　蔡孟璇
封面設計　萬勝安
內頁設計　楊雅屏
責任編輯　洪尚鈴
行銷企劃　黃安汝
出版一部總編輯　紀欣怡

出版發行　采實文化事業股份有限公司
業務發行　張世明・林踏欣・林坤蓉・王貞玉
國際版權　鄒欣穎・施維真
印務採購　曾玉霞
會計行政　李韶婉・簡佩鈺
法律顧問　第一國際法律事務所　余淑杏律師
電子信箱　acme@acmebook.com.tw
采實官網　www.acmebook.com.tw
采實臉書　www.facebook.com/acmebook01

I S B N　978-626-349-000-0
定　　價　450 元
初版一刷　2022 年 10 月
劃撥帳號　50148859
劃撥戶名　采實文化事業股份有限公司
104 台北市中山區南京東路二段 95 號 9 樓
電話：(02)2511-9798　傳真：(02)2571-3298

國家圖書館出版品預行編目資料

蘇格拉底教我的最後一堂課：當百萬暢銷作家遇見心靈大師，關於人生的終極解答 / 丹．米爾曼 (Dan Millman) 著；蔡孟璇譯．-- 初版．-- 臺北市：采實文化事業股份有限公司，2022.10

面；　公分．--（心視野系列；105）

譯自：Peaceful heart, warrior spirit : the true story of my spiritual quest.

ISBN 978-626-349-000-0(平裝)

1.CST: 米爾曼 (Millman, Dan) 2.CST: 自傳 3.CST: 美國

785.28　　111013427

采實出版集團
ACME PUBLISHING GROUP